KB191157

제2차 냉전 시대

COLD WAR TWO

제이슨 솅커 지음
김문주 옮김

제2차 냉전 시대

더페이지

제2차 냉전,
새로운 불확실성의 시대를
헤쳐나가며

나의 아내 애슐리에게 바친다.

목차

PART 1 왜 다시 냉전인가

냉전은 끝나지 않았다. 과거의 지정학적 갈등은 형태를 바꾸어
현재까지 이어지고 있다. 냉전 1기의 본질을 다시 살펴보고,
그것이 오늘날 냉전 2기로 어떻게 이어졌는지를 분석한다.

PART 2 지금은 냉전 2.0 시대

전쟁은 더 이상 총으로만 벌어지지 않는다.
권력은 기술, 에너지, 금융, 공급망 속에서 재편되고 있다.
냉전 2기의 작동 환경을 해부한다.

PART 3 다음 10년을 위한 생존 시나리오

다가올 미래의 불확실성은 피할 수 없다.
그러나 준비할 수는 있다. 미래를 예측하고 대응하기 위한 전략적 사고,
시나리오 설계, 조직의 생존 조건을 제시한다.

감사의 말

이 세상에 홀로 완성할 수 있는 책은 없다. 편집과 파일 변환, 디자인 그리고 프로젝트 관리 등 여러 방면에서 헌신해 준 전담팀이 있었기에 이렇게 하나의 책이 탄생했다.

나는 이 책이 세상에 등장할 수 있도록 해 준 프레스티지 이코노믹스, 퓨처리스트 인스티튜트 그리고 프레스티지 프로페셔널 퍼블리싱팀 전체에 가장 큰 목소리로 감사하다고 말하고 싶다.

무엇보다도 내게 변함없는 지지를 보내준 우리 가족에게 감사하다. 사랑하는 아내 애슐리 솅커에게 특히나 고마움을 전하고 싶다. 애슐리의 격려가 큰 힘이 됐다. 또한 존경하는 부모님 재닛 솅커와 제프리 솅커에게 진심으로 감사함을 표하고 싶다. 2020년, 처음 이 책을 쓰기 시작할 무렵 두 분과 이 책에 관해 대화를 나누었다.
슬프게도 2021년에 아버지가 돌아가셨고, 어머니는 치매 전담 요양원에 입소하셨다. 부모님은 이 책이 어떻게 완성됐는지 영영 보지 못하시겠지만 부모님이 보여주신 사랑과 지혜, 가르침에 영원히 감사드린다.
책을 쓰는 일은 언제나 부담스러운 과정이다. 가족은 정서적인 지지와 편집에 관한 피드백을 전폭적으로 보내며 셀 수 없이 다양한 방식으로 나를 지지해 주었다. 책을 쓸 때마다 그 모든 여정이 가족 전체에 걸쳐 있고, 가족의 인내와 이해 그리고 응원에 더할 나위 없이 고마움을 느낀다.

마지막으로, 이 책을 읽어주시는 독자분들께 감사드린다.

이 책을 읽어갈 여러분께 내가 강조하고 싶은 이야기는 내 분석이 어느 한 쪽에도 치우치지 않았으며, 역사적인 흐름과 경제 데이터와 미래학적인 프레임워크 그리고 전략적인 위험 평가 등을 바탕으로 하고 있다는 점이다. 『제2차 냉전 시대』는 정치적 서사가 아니라 세계 안보와 경제, 금융과 에너지, 기술과 무역, 공급망을 형성하고 진화하는 현실이다. 지정학적 요인으로 인한 정치적인 지형은 끊임없이 변화하고 있으며, 이 책이 주요 위험을 이해하는 틀을 제공하는 동안 새로운 변화가 제2차 냉전이 흘러가는 궤적을 예상치 못한 방향으로 재창조할 것이다. 내 목표는 하나의 고정된 결과를 예측하려는 것이 아닌, 여러분이 이 난관을 예상하고 헤쳐나가는 데 도움이 될 통찰을 안겨주는 것이다.

이 책이 여러분에게 우리 시대 가장 커다란 위기를 돌파하는 데 도움이 되기를 바란다.

2025년 3월, 제이슨 셍거

서문

제2차 냉전

내가 대표를 맡고 있는 프레스티지 이코노믹스Prestige Economics와 퓨처리스트 인스티튜트Futurist Institute는 2017년 기업과 국가 안보 기관들에 다양한 지정학적 위험에 관한 자문을 해 주기 시작했다. 나는 코로나19 바이러스 팬데믹이 발발하면서 지정학과 경제 그리고 공급망을 주제로 미 국방성 보고서를 작성하는 데 도움을 달라는 요청을 받았고, 2020년 6월 이 보고서가 발표된 직후 이 책을 집필하기 시작했다.

처음에 붙인 제목은 『제2차 냉전이 다가온다The Coming of the Second Cold War』였으나, 2021년 중반에 이르자 제2차 냉전이 더 이상 다가오지 않고 있음이 명백해졌다. 냉전은 이미 시작됐기 때문이다. 우리는 제2차 냉전 시대에 살고 있으며, 나는 2021년 이후 프레스티지 이코노믹스가 내놓고 있는 연구와 보고서, 프레젠테이션 등에서 전 세계의 지정학적 위험을 규정하는 방식으로 '제2차 냉전'을 제시하고 있다.

2022년 2월 러시아가 우크라이나를 침공하자 나는 제2차 냉전에 대해 더 직접적으로 언급하기 시작했다. 그리고 프레젠테이션과 강의, 컨설팅, 인쇄물, 디지털 자료 등을 포함해 여러 국제적 차원에서 '제2차 냉전Cold War Two®'을 미국 특허청USPTO에 상표로 등록했다. 뒤이어 영국 지식재산청UKIPT에서도 마찬가지로 '제2차 냉전Cold War Two®'의 상표권을 확보했다.

경제학자이자 미래학자로서 미래를 예측하는 일이 나의 소임이다. 안타깝게도 나는 이 분쟁이 전개되는 궤적에 대해서도 제대로 인지할 수 있었다.

제1차 냉전 후반기에 태어나고 자란 나는 소비에트 연맹과의 갈등이 전 세계를 멸망으로 몰아갈 수 있는 가능성이 만들어내는 지정학적 위험으로부터 엄청난 영향을 받았다. 앞으로 이 책을 통해 독자 여러분은 아무리 그 이름이 변하더라도 주된 역할을 맡은 국가와 위험은 여전히 똑같이 남아있다는 이야기를 듣게 될 것이다. 나는 여러분이 제2차 냉전이 가져다줄 위험과 기회를 과거와 현재, 미래의 관점에서 평가할 수 있도록 이끄는 신뢰할 만한 안내자가 되고 싶다.

그동안 내 예측이 적확하게 맞아떨어진 덕에 사람들은 보통 나를 경제학자라고 생각한다. 하지만 나는 역사학과 지정학적 이념, 경제학 그리고 국제 갈등 이론을 공부한 독특한 이력으로 과거와 현재에 관한 균형 잡힌 시각을 갖게 됐다. 나는 역사학과 경제학, 지정학을 아우르는 깊은 학문적·직업적 전문 지식 덕에 『제2차 냉전 시대』를 쓸 수 있는 자리에 올 수 있었다.

나는 버지니아대학교University of Virginia에서 나치주의와 스탈린주의를 비교한 논문으로 역사학 학위를 취득하고, 민족주의에 초점을 맞춘 독어학 석사 학위와 1930년대 하이에크 이론Hayekian Theory을 검토한 응용경제학 석사 학위 등으로 학문적인 토대를 이루었다. 또한 세 번째 석사 학위를 위해 국제 갈등을 중심으로 한 협상과 갈등 해소, 평화 구축에 관해 연구했다. 퓨처리스트 인스티튜트의 회장이자 창립자로서 나는 점차 고조되는 범세계적 위험을 평가하기 위해 미래학적인 프레임워크Framework를 적용했고, 제2차 냉전에 대해 역사를 바탕으로 하면서도 미래지향적인 분석을 내놓을 수 있었다.

나는 『제2차 냉전 시대』를 단순히 경제학자나 미래학자가 아닌 국가 보안과 국제 전략에 깊이 개입하고 있는 한 사람으로서 집필했다. 현재 나는 미국 특수작전사령부USSOCOM, US Special Operations Command의 합동특수작전대학Joint Special Operations University에서 부교수로 근무 중이며, 특수 작전 부대의 훈련과 전략 교육을 담당하고 있다. 또한 미국 전략 및 국제 문제 연구소CSIS, Center for Strategic and

International Studies의 부연구원이자 미국 국무부와 국무부 산하 외교 대학원의 자문관이기도 하다. 이러한 역할을 통해 나는 이 책 전반에서 다루는 주요 테마인 지정학적 위험과 전략적 경쟁 그리고 경제 보안에 대한 직접적인 통찰력을 얻을 수 있었다.

프롤로그

역사의 운율, 제2차 냉전

마크 트웨인은 "역사는 똑같이 되풀이되지 않지만, 때때로 그 운율은 반복된다."라는 명언으로 자주 언급된다. 현 국제 정세의 운율은 불만에 가득 차서 으르렁거리는 냉전의 패배자가 결성한 적대적인 연합으로부터 영향을 받는다. 이는 일부에게 케케묵은 역사가 되어버린 갈등을 거의 그대로 되풀이하는 것이다. 그러나 분명하게 말하자면 구舊 냉전 시대를 구성했던 결정적인 요소 가운데 일부가 그대로 현재의 갈등에 기여하고 있다.

지정학적 긴장은 미국과 중국 그리고 양국의 동맹국 사이에서 수년간 고조되었다. 이러한 갈등은 꾸준히 악화했으며, 잠재되어 있던 위험 요소는 점차 두드러지기 시작했다. 지정학적 긴장은 금융 시장과 에너지부터 기술과 무역, 공급망에 이르기까지 경제의 모든 측면에 스며들고 있다. 지정학적 긴장과 분쟁 사이에서 이런 난관을 헤쳐나가기 위해서는 현재의 지형을 현실적으로 평가해야 한다. 또한 미래의 불확실성을 분석하기 위해 탄탄한 프레임워크를 마련하는 한편 급변하는 정책에 적응하기 위해 민첩하게 접근해야만 한다.

내가 『제2차 냉전 시대』를 쓴 이유가 바로 여기에 있다. 산업계와 민간 정부, 국가 안보 기관의 지도자들이 이 세계적인 경쟁의 시대를 이해하고 준비하도록 도와줄 통찰력과 미래학적 프레임워크 그리고 전략적인 관점을 제공하기 위해서다.

나는 2021년 이래로 프레젠테이션과 보고서, 교육, 연구, 출판물에서 '제2차 냉전'이라는 용어를 사용하면서도 '제2차 냉전'이 공식적으로 시작된 실제 날짜는 2022년 2월 4일이라고 못 박았다. 이는 꾸준히 고조되어 가던 지정학적 긴장과 강대국 간의 경쟁이 베이징 올림픽에서 더욱 구체적인 방식으로 확고해진 날짜다.

중국과 러시아가 발표한 공동 성명서는 지금도 크렘린Kremlin의 웹사이트에서 찾아볼 수 있다. 이 공동 성명서의 중요한 두 가지 시사점은 중국과 러시아가 제2차 세계 대전의 결과를 강력하게 옹호하며, 무제한으로 협력하겠다는 점이다. 다시 말해 러시아와 중국은 적어도 지정학적으로 하나가 되면서 역사가 더 호전적이고 의미심장한 방식으로 운율을 맞출 수 있도록 무대를 마련해 주었다는 의미다.

그로부터 3주가 채 되기도 전에 러시아는 우크라이나를 침공했다. 이 분쟁의 영향으로 금융 시장과 원자재 공급망, 제조업 그리고 미국과 세계 경제의 거의 모든 부분에서 파문이 일어났다. 앞날을 예측하자면 이 부문 안팎에서 위험은 중대해지고 점차 커질 것이다.

이 책에서는 역사적인 관점에서 제1차 냉전의 기원을 논하고, 현재 상황을 평가하며, 가능한 미래 시나리오를 제시해 앞으로 미칠 영향과 그 함의를 다룰 예정이다.

'Part 1. 왜 다시 냉전인가'에서는 제2차 냉전을 통찰할 수 있도록 제1차 냉전의 역사적 맥락을 짚어본다. 냉전에 대한 전통적인 지식에 이의를 제기하면서, 중국이 언제나 핵심적인 역할을 맡아왔고 제2차 냉전은 아직 해결되지 못한 중국과의 지정학적 긴장이 지속된 결과라는 데에 중점을 두어 주장한다.

강대국 간의 경쟁이 제2차 냉전으로 전개되어 가는 과정을 추적하며, 적대적인 동맹국, 특히 중국과 러시아, 이란 그리고 북한이 어떻게 오늘날 국제적인 갈등을 빚어내는지를 강조한다. 또한 유럽과 중동, 대만을 포함한 지역적인 요충지와 함께 현대의 지정학적 투쟁에서 경제 안보와 정보 전쟁이 수행하는 역할을 탐구해 본다.

'Part 2. 지금은 냉전 2.0 시대'에서는 제2차 냉전이 어떻게 세계 경제와 금융, 에너지, 공급망, 무역 그리고 기술을 다시 형성하고 있는지를 들여다본다. 미국은 무역 정책을 통해 경제 안보를 보강하고, 제조업을 다시 강화하며, 중국을 포함한 적대 세력에 대한 의존을 줄여나가고 있다. 중국으로부터 투자를 거둬들이고 경제 파편화를 확장해 나가는 등 금융 재편성을 강조하기도 한다. 또한 경제 제재를 평가하고 미국 동맹국 간의 협력을 통해 저항과 회복을 강화해 나갈 가능성에 대해서도 들여다본다.

에너지 안보는 중대한 문제로 급부상했으며, 국가들은 천연가스와 석유, 핵심 광물을 확보하기 위해 경쟁하면서도 지속 가능성이라는 목표와 지정학적 현실 사이에서 균형을 맞추고 있다. 더군다나 반도체와 마이크로프로세서, AI와 양자 컴퓨팅 등 기술 패권 경쟁도 분쟁의 주요 격전지로 떠올랐다.

'Part 3. 다음 10년을 위한 생존 시나리오'에서는 전략적인 예측 프레임워크와 잠재적인 지정학적 성과를 탐색한다. 여기서는 제2차 냉전에 관한 가능한 시나리오를 제시한다. 네 가지 시나리오를 통해 냉전 확대의 가능성과 그 세계적인 파급 효과를 분석했다.

미국과 동맹국이 불확실한 지정학적 경쟁의 시대를 순조롭게 헤쳐 나갈 수 있도록 경제 회복력, 군사적 억지력 그리고 전략적 동맹 등의 전략을 권고하며 끝을 맺는다. 여기에는 제2차 냉전 시대에 기업의 지도자와 기업 이사회 임원들, 특수 작전 부대가 전략적인 준비 태세를 강화할 수 있는 상세한 가이드와 권고가 주어질 것이다.

전략적으로 제2차 냉전을 탐색하라

제2차 냉전은 더 이상 머나먼 미래의 이야기가 아닌 우리의 지정학적·경제적·기술적 지형을 형성하는 현실이다. 이 책이 설명하듯 제1차 냉전의 결정적인 요소가 더 복잡해진 세계에 다시금 등장했고, 따라서 그때와 다른 새로운 전략적인 접근법이 요구된다. 경제적·군사적·기술적 전투가 실시간으로 펼쳐지고, 그 결과는 수십 년 동안 반향을 일으킬 것이다.

제2차 냉전의 위험과 기회를 이해하고 예측하려면 역사적 성찰을 넘어서는 무언가가 필요하다. 미래학적인 프레임워크와 전략은 미래 지향적인 분석과 적재적소의 전략 기획 그리고 결단력 있는 조치를 지원하고 이에 필요한 정보를 제공할 것이다.

앞으로 닥칠 위험은 상당히 중대하고, 이 위험이 프랙털Fractal[1] 식으로 더욱 악화할 가능성은 상당히 크다. 특히나 경제 파편화와 공급망 차단, 금융 재편성, 에너지 안보 문제 그리고 가속화되는 기술적 군비 경쟁 등에서 더욱 그렇다. 긍정적으로 보자면 앞으로 찾아올 기회 역시 똑같이 중대하다. 미국과 동맹국은 경제적인 탄력성을 제고하고, 혁신을 촉진하며, 전략적인 동맹을 강화하는 방식으로 점차 불확실해지는 세상에서 지도국의 지위를 유지할 수 있을 것이다.

---

1   **프랙털** 임의의 한 부분이 전체의 모양과 닮은 도형, 또는 그런 도형이 반복되는 구조를 의미한다. 자기 유사성과 순환성이 그 특징이다.

서서히 전개되는 이러한 갈등 속에서 미국의 전략 작전 계획을 위한 다차원적 전략의 우선순위를 정하는 것은 미국과 동맹국의 전략저항과 회복력을 강화하는 데 매우 중요할 것이다.

　우리 앞에 놓인 길은 난관으로 가득하지만, 역사는 우리에게 준비성과 선견지명만이 지정학적인 혼란을 헤쳐나갈 핵심이라고 가르쳐준다.

　제2차 냉전은 이미 시작됐다. 국가와 산업, 지도자가 이를 어떻게 대응하느냐에 따라 향후 글로벌 강대국의 힘의 균형은 결정될 것이다.

PART 1

왜 다시
냉전인가

냉전은 끝나지 않았다.
과거의 지정학적 갈등은 형태를 바꾸어 현재까지
이어지고 있다. 냉전 1기의 본질을 다시 살펴보고,
그것이 오늘날 냉전 2기로
어떻게 이어졌는지를 분석한다.

냉전의 오해: 진정한 수혜국은 중국이었다

역사는 길다.
그리고 역사적 사건을 더 명료하게 해석하기 위해서는 종종 당시의
주요 지정학적 이슈를 온전하게 파악할 시간과 거리가 필요하다.

우리는 학창 시절 제1차 세계 대전과 제2차 세계 대전이 두 가지의
완전히 다른 충돌이라 배웠다. 오늘날 유럽사를 연구하는 대부분의
역사학자는 소위 '독일 문제German Question[2]'에 대한 답을 찾기 위해,
제1차 세계 대전과 제2차 세계 대전이 20년의 휴전기를 사이에 두고
두 부분으로 나뉜 하나의 전쟁이라고 되짚어 본다. 독일 문제는 독일
이 유럽에서 경제, 군사, 정치적 패권을 차지하려는 성향을 어떻게 해
결할 것인지를 묻는 역사가들의 지정학적 의문을 가리킨다.

---

2 **독일 문제** 19세기 독일인이 거주하는 영토를 어떻게 효과적으로 통일할 것인지를 묻는 민족주
의적 질문으로, 독일어를 사용하는 모든 민족과 영토를 하나의 국가로 통합한다는 '대독일주의'
와 북독일 지역의 국가만을 포함한다는 '소독일주의'가 제시됐다. 냉전 시대에는 독일의 분단과
재통일에 관한 문제를 지칭하기도 했다.

마찬가지로 제1차 냉전과 제2차 냉전은 별개의 충돌이라기보다는 어느 광범위한 지정학적 투쟁이 두 가지 국면으로 나뉜 것이라 할 수 있다. 그러나 두 차례의 냉전을 뒷받침하는 주요 쟁점은 사람들이 일반적으로 생각하는 바와는 다르다. 언제나 러시아가 주목받지만, 사실 제1차 냉전은 제2차 냉전과 마찬가지로 '중국'이 관건이었다.

냉전을 되돌아보며
닉슨 도서관을 찾다

2024년 나는 친구이자 지정학적 미래학자 동료인 제이크 소티리아디스Jake Sotiriadis와 함께 캘리포니아주 요바린다에 있는 닉슨 도서관에 방문했다. 당시 제이크는 현역 공군 중령이자, '스파이 대학원'이라는 별명이 붙은 내셔널 인텔리전스 대학NIU, National Intelligence University의 교수였다. 우리는 2019년에 처음 만났다. 제이크가 국방성에서 미 공군 미래전략부Air Force Futures를 이끌고, 퓨처리스트 인스티튜트가 공군 이등병들의 예측 역량을 향상하기 위해 정부와 계약을 맺었던 때였다. 우리는 훗날 NIU에서 다시 한번 뭉쳤고, 여기서 나는 제2차 냉전 연구와 국가 안보 분석에 대해 여러 차례 강연을 했다. 또한 우리는 미 국무부 외교 대학원Foreign Service Institute을 지원하면서부터 함께 일해왔다.

　　지정학적 위험에 대한 우리의 공통된 관심사를 고려할 때 닉슨 도
서관은 흥미로운 곳이었다. 닉슨의 정책이 1970년대 미국 국세청에
서 근무하시던 아버지의 경력에 부정적인 영향을 미쳤던 탓에 나는
닉슨을 그리 좋아하지 않았지만, 시간을 때우기에 나쁘지 않은 장소
라 생각했다. 다만 나는 이 방문이 냉전사에 대한 내 생각을 다시 구성
하는 데 얼마나 큰 영향을 미칠지 예상하지 못했을 따름이었다.

　　닉슨 도서관은 본래 1972년 2월 닉슨이 중국을 방문했던 이른바
'차이나 모멘트China Moment'를 기념하기 위해 세워졌다. 중국 방문에

서 가장 인상적인 장면은 닉슨이 중국 주석 저우언라이周恩來와 베이징 공항 활주로에서 악수하던 순간에 나왔다.

닉슨의 방문은 흔히 중국과 소비에트 연방의 사이에 쐐기를 박고 이 지역에서 미국의 영향력을 강화하기 위해 기획된 외교적인 업적이라 묘사됐다. 닉슨과 키신저는 중국을 미국 편으로 끌어들여 러시아를 고립시켰다고 칭송받기도 했고, 이 움직임은 '냉전 전략의 승리'라고 널리 받아들여졌다.

그러나 돌이켜 보면 의아한 점이 있다. 닉슨의 차이나 모멘트는 진정으로 성공을 거두었는가? 아니면 그저 대대적인 대립을 잠시 지연시킨 '임무 완수'의 순간이었을까? 이 전략의 중심축은 장기적으로 보았을 때 미국에 실제로 이익이 되었는가? 아니면 두 적에게 가공할 만한 엄청난 힘을 실어주었는가?

이제 와 생각건대, 제2차 냉전의 씨앗은 제1차 냉전에서 승리했다고 생각하는 순간 뿌려졌는지도 모른다. 마오쩌둥과 저우언라이와 맺은 협상의 일부로, 닉슨과 키신저는 소위 '하나의 중국One China' 정책을 공식화하며 대만의 독립에 대해 미국의 입장을 전략적으로 모호하게 취해버렸다. 미국은 '하나의 중국'을 용인함으로써 제2차 냉전을 촉발시키는 데 중요한 역할을 하였다.

그러나 닉슨은 아마도 잘못된 활주로에서 잘못된 악수를 했고, 키신저는 잘못된 협상을 했을지도 모른다.

본질적으로 미국은 제1차 냉전을 종결하겠다는 약속을 한 셈이었다. '우수리 없이 대만을 중국의 지배하로 넘겨준다'던 이 약속은 이행되지 못하고 뒤로 미뤄졌으나, 중국은 이제 곧 이 약속을 실현하기로 결심한 듯 보인다.

냉전은 결코 소련만의 문제가 아니었다

미국인은 수십 년 동안 '냉전'이 '세계를 지배하기 위한 미국과 소련(현 러시아) 간의 싸움'이라 배워왔다. 그러나 냉전이 언제부터 뜨겁게 달아올랐는지를 따져보면, 주요 전장은 유럽이 아니라 한국과 베트남 그리고 동남아시아였다. 소련과의 이념적인 충돌에도 불구하고, 냉전의 가장 격렬한 충돌은 중국의 세력권 그리고 중국의 전략적 이해관계가 상당히 큰 지역에서 벌어졌다.

어쩌면 우리는 제1차 냉전을 전적으로 오해해 왔을지 모른다. 두 차례의 세계 대전이라는 참혹한 경험을 겪으며 유럽 중심적인 사고가 각인된 미국 대중들은 냉전이 워싱턴과 모스크바 간의 경쟁이라고 추정했다.

그러나 제1차 냉전 시대가 사실은 근본적으로 '중국 문제China Question'라면 어떻게 될까?

제1차 냉전에서의 다툼이 근본적으로 결코 자본주의 대 공산주의, 또는 미국 대 소련의 문제가 아니라 중국이 아시아의 경제적, 군사적, 정치적인 패권을 장악하려는 경향을 어떻게 감당할 것인지에 관한 문제라면?

그런 경우라면 제2차 냉전은 전혀 새롭지 않은 충돌이 된다. 그저 오랫동안 전해왔고, 우리가 이제야 온전히 이해하기 시작한 이야기가 새로운 장으로 넘어갔을 뿐이다. 게다가 세계 평화에 대한 가장 큰 위험, 즉 유엔 안전보장이사회의 상임이사국인 미국, 러시아, 중국, 프랑스, 영국을 직접적으로 대립시키는 방식으로 2차 냉전이 과열될 가능성은 러시아의 영향권 안에 있는 것이 아니다. 또한 순전히 제2차 세계 대전 이후 러시아의 제왕적 지위를 복원하려는 푸틴의 보복주의적 야망 때문만도 아니다.

그 대신, 유엔 안보리의 상임이사국이 겪는 다양한 갈등 중에서 가장 눈에 띄는 일촉즉발의 위험은 바로 대만이다. 중국은 점차 이 섬을 중국으로 흡수하면서, 광범위한 결과를 수반한 지정학적 대립의 무대로 작정한 듯 보인다.

닉슨은 1972년 2월 저우언라이와 공항 활주로에서 악수를 나눴다. 그리고 2022년 2월 러시아와 중국은 베이징 올림픽에서 공동 성명을 발표했다. 성명서에서 두 나라는 연대를 위해 손을 잡았고, 제2차 세계 대전의 결과를 지지하며 무제한으로 협력하겠다고 선언했다.

혹자는 닉슨과 키신저의 협상이 잘못됐다고 믿지 않을 것이다. 그러나 역사는 길다. 미래의 역사학자들은 제1차 냉전과 제2차 냉전을 주로 중국 문제를 해결하기 위해 발생했던 충돌이자, 50년의 휴전기를 둔 분쟁의 두 부분으로 볼지도 모른다.

어쩌면 우리는 지금까지 냉전을 전혀 이해하지 못했던 것일 수도 있다.

CHAP 2 낯선 전쟁의 시작

2020년, 강대국 경쟁은 세계를 좌우하는 지정학적·경제적·군사적 경쟁을 이해하는 데 필요한 주요한 프레임워크였다. 국가 안보 전문가, 전략가들은 미국과 중국, 러시아 사이에 벌어지는 전략적인 다툼을 묘사하기 위해 이 용어를 사용하면서, 무역과 기술부터 군사적 자세와 소프트 파워Soft Power의 영향력까지 아우른다.

현재 세계는 새롭고 더 치열한 범세계적 갈등의 국면으로 접어들고 있다. 이 갈등은 프레스티지 이코노믹스가 개발한 '제2차 냉전 프레임워크'를 적용할 때 가장 정확히 이해할 수 있다.

경쟁국 간의 가변적이고 제한 없는 투쟁에 적용되는 강대국 경쟁 모델과는 달리, 제2차 냉전 프레임워크는 우리가 이미 구조적이고 장기적이며 다차원적인 지정학적 갈등으로 접어들었다고 보고 있다. 그리고 이 갈등은 제1차 냉전의 모습을 점차 닮아가고 있다.

제2차 냉전:
새로운 국제적 대립의 시대

제2차 냉전은 경제 총동원[3]이 필요한 일련의 다차원적이고 현대적, 기술적 갈등이다. 또한 갈등의 위험성이 증가하고 있음을 보여주는 다음의 네 가지 주요 전조로 정의된다.

적대적인 연합의 형성

미국과 그 동맹국 나토NATO, 일본, 호주, 한국은 중국과 러시아, 이란, 북한 사이에 형성된 협력의 축에 대항하기 위해 단단히 손을 잡았다.

경제와 기술의 탈동조화Decoupling

미·중 무역 전쟁은 경제적으로나 기술적으로 철저히 분리되는 수준까지 악화하고 있다. 관세와 공급망 차단 그리고 금융 규제 등은 국제 무역을 재편하고, 미국과 중국 사이에 기술적인 '철의 장막'을 친다.

대리전과 하이브리드전

우크라이나와 중동부터 대만과 인도-태평양까지, 제1차 냉전에서도 그러했듯 동맹 진영이 간접적으로 보여주는 강대국 대립은 주요한

---

3 **경제 총동원** 국가 비상시에 인력, 산업 자본 등 모든 자원을 활용하도록 경제 구조와 기능을 변경하거나 통제하는 정책.

갈등을 더욱 첨예화하고 있다. 또한 우리는 이런 갈등이 사이버 공간과 북극해, 우주 그리고 공급망 등 새로운 영역까지 확대되는 모습을 지켜보아야 하는 위험에 처해있다.

사이버·정보 전쟁

이제 국가들은 지속적인 디지털 전쟁에 뛰어들고 있다. 사이버 공격, AI 기반 허위 정보 그리고 정부의 후원을 받은 디지털 용병 조직 등 '전략적 경쟁'이라는 고상한 이름을 무색게 하는 지속적인 디지털 전쟁을 벌이고 있다.

제2차 냉전이 강대국 경쟁을 대체하는 이유

제2차 냉전 프레임워크는 오늘날의 지정학적 현실을 더욱 알기 쉽게 설명해 준다. 경쟁이 구조화된 대립으로 발전하고 있기 때문이다.

강대국 경쟁이 가변적인 것과는 달리 제2차 냉전은 미국-중국-러시아 간의 역학 관계라고 더 단호하게 정의할 수 있다. 세 국가의 관계는 더 이상 단순히 경쟁이라 할 수 없을 만큼 여러 영역에 걸쳐 벌어지는 노골적인 대립이 됐다.

게다가 제2차 냉전은 더욱 경직되고, 동맹은 굳건해지면서, 외교적 유연성은 한층 더 많은 제약을 받는다.

그러나 더욱 무시무시한 점은 직접적인 충돌과 경제 파편화 그리고 국제적인 불안정이 눈에 띄게 증가했다는 점이다.

강대국 경쟁은 냉전 후 질서를 이해하는 효과적인 렌즈의 역할을 한 셈이었다. 이제 세계는 '제2차 냉전의 시대'에 접어들고 있다. 즉 극심한 경쟁이 지속되고, 대리전은 격렬해지며, 서로 대립하는 세력권으로 점차 분열되는 것이다. 이제 이러한 변화를 이해하는 것은 단순한 강대국 간의 경쟁 관계로만은 부족하다. 정책 입안자와 기업가, 전략가가 보다 적극적으로 이 시대의 점차 커지는 위험에 대한 대처 방안을 모색하고, 이를 기회로 삼을 묘안을 계획해야 한다.

CHAP 3 전쟁은 멀리 있지 않다: 세 개의 전선

지난 세기의 전쟁 대부분은 '대리전'으로 치러졌다.
강대국 간의 대리전이 제2차 세계 대전에서도 여전히 계속되고 있다고
해도 그리 놀랄 일은 아니다.

'대리전'이라는
운명

2020년 6월, 나는 지정학적 위험과 관련한 미래학적 시나리오를 약술하는 미 국방성 보고서에 참여했었다. 당시 나는 상당히 가능성 있다고 여겨지는 시나리오를 제안하면서 '예정된 대리전Destined for Proxy War'이란 제목을 붙이기도 했다. 이 제목은 미국의 정치학자인 그레이엄 앨리슨의 책 『예정된 전쟁Destined for War』을 의도적으로 패러디한 것으로, 투키디데스의 함정Thucydides Trap [4]의 관점에서 강대국 간의 충돌의 위험성을 탐색하는 내용이다. 미국 같은 기존의 강대국과 중국 같은 신흥 강대국이 가끔은 전쟁에 휩쓸려 들어간다는 개념

이다.

내 전제는 직설적이었다. 나는 워싱턴의 내부인들이 '강대국 경쟁'이라 부르던 갈등이 진화하며 갖추게 될 가장 개연성 있는 형태가 '대리전'이라고 보았다. 이는 단순한 추측이 아니라, 장기간에 걸친 역사적 패턴을 바탕으로 추론한 것이었다.

지난 세기에 일어났던 충돌의 대다수는 초강대국들이 직접 대립하기보다는 대리전의 형태를 띠었다. 핵보유국이 직접 부딪힐 때 발생할 이해관계를 고려하면, 대리전은 초강대국 지도자들 사이에서 갈등을 표출하는 지배적인 형태로 남을 가능성이 높다.

제1차 냉전은 대리전이라고 정의할 수 있다. 한국 전쟁과 베트남 전쟁, 그 외에 다양한 경우가 그랬다. 심지어 제2차 세계 대전 이전에도 스페인 내전은 프랑코 군을 지원하는 나치 독일과 파시스트 이탈리아 그리고 공화파를 지지하는 소련 간의 대리전으로 치러졌다.

불행하게도 2020년 내가 제시했던 시나리오는 실시간으로 실현되고 있다. 2022년 2월 이후 제2차 냉전은 세 곳에서 전선을 형성했다.

---

4   **투키디데스의 함정** 아테네의 역사가이자 장군이었던 투키디데스가 쓴 역사서 『펠로폰네소스
전쟁사』에서 비롯됐다. 기원전 5세기 기존의 강대국이었던 스파르타는 급격히 성장한 아테네에
대해 불안감을 느끼다가 지중해의 주도권을 놓고 전쟁을 벌인다. 투키디데스의 함정은 급부상
한 신흥 강대국이 기존의 세력을 흔들면 결국 무력 충돌로 이어지게 된다는 의미를 담고 있다.

제2차 냉전의 첫 번째 전선:
러시아-우크라이나 전쟁

미국이 아프가니스탄에서 실패 후 철수하고 2022년 2월 4일 러시아와 중국이 경제 협력을 맺은 데 힘입어, 제2차 냉전의 첫 번째 전선이 러시아-우크라이나 전쟁과 함께 형성됐다. 러시아는 2022년 2월 말 우크라이나를 대대적으로 침공했고, 이는 러시아와 서부 지역 간의 주요한 대리전이 됐다. 우크라이나는 나토 회원국이 아니었지만, 미국과 유럽 동맹국들 그리고 다른 동반자들로부터 대대적인 군사적·경제적 지원을 받았다. 이는 제1차 냉전 당시 벌어졌던 대리전을 닮았다.

한편 러시아는 이란과 북한, 중국으로부터 지원을 받으며 분쟁을 전 세계로 확장했다.

제2차 냉전의 두 번째 전선:
이란의 테러 대리전과 이스라엘

제2차 냉전의 두 번째 전선은 이란의 '저항의 축Axis of Resistance'이 2023년 10월 하마스가 이스라엘을 공격했을 때 공동 대응을 시작하면서 형성됐다. 이란은 수십 년 동안 대리 테러 세력을 조직해 왔고, 서구 미디어는 이를 이란의 '테러의 축Axis of Terror'이라고 불렀다. 레바논의 헤즈볼라와 예멘의 후티, 이라크와 시리아의 여러 시아파 민병대 그리고 가자의 하마스까지. 이 테러 집단들은 이란의 지역적인 대리군으로 활동하고 있다. 중동의 정세는 불안정해졌고 테헤란은 당당하게 관련성을 부인했다. 이들은 대대적인 불안을 조장하는 집단으로, 미국과 동맹국의 관심을 제2차 냉전의 다른 중요한 전선에서 분산시키고 있다.

제2차 냉전의 세 번째 전선: 대만

제2차 냉전의 세 번째 전선은 매우 위험한 상태로, 대만이 가장 우려되는 미래의 도화선이다. 중국은 아직 대만을 군사적으로 직접 침공하거나 공격하지 않았지만, 경제 압박과 사이버공격, 군사적 위협, 영해와 영공 침입 등을 통해 대만을 약화하려는 하이브리드전을 적극적으로 벌이고 있다.

중국의 침공과 공격, 봉쇄가 발생한다면 이는 분명 세계적인 대리전을 촉발할 것이다. 아니면 적어도 금융 시장과 세계 공급망에 대규모의 파괴적인 결과를 안겨줄 경제 제재를 연달아 발동시킬 수 있다. 중국이 대만을 공격하거나 봉쇄하는 사건이 발생했을 때 중국의 외국인 투자는 하룻밤 새 부실 자산이 되어버릴 수 있다. 게다가 대만의 첨단 기술 제품에 의존하고 있는 세계 공급망은 붕괴하고 말 것이다.

더욱이 전 세계는 중국이 수출하는 다양한 상품들을 공급받을 수 없어, 경제적·사회적 문제가 발생한다. 중국의 높은 의존도를 고려할 때 여러 공산품과 첨단 기술 제품, 자본 설비, 내구 소비재, 의료품 등의 공급이 불가능해지면, 급격한 물가 상승은 예견된 징후다. 또한 이로 인해 세계 경제의 안정성과 지속성은 타격을 입으면서 인플레이션과 불경기를 초래할 수도 있다.

기타 대리전의
위험

향후 대리전이 발발할 가능성이 있는 아시아의 발화점은 바로 북한이다. 새로 시작된 분쟁으로 인해 미국과 동맹국들은 다시 한번 중국과 러시아에 대항할 수도 있다.

우리는 이미 새로운 대리전의 시대를 살아가고 있다. 강대국 경쟁이 상호연결된 분쟁을 부채질하는 형세인 탓에, 지금의 지정학적 지형은 갈수록 20세기의 불안한 시기를 닮아가고 있다.

핵보유국, 특히 유엔 안보리 상임이사국이 직접적으로 전쟁을 벌일 가능성은 상호 파괴의 위험성 때문에 그리 높지 않다. 그러나 대리전은 제2차 냉전에서 가장 중요한 전장戰場으로 계속 이어질 것이다.

이는 충분히 예견할 수 있는 갈등 시나리오였다. 그러나 안타깝게도 미리 막을 수 있는 갈등은 아니었다.

CHAP 4 유럽은 언제나 전쟁의 그림자 속에 있다

유럽은 박물관으로 위장한 묘지다. 제1차 세계 대전과 제2차 세계 대전의 망령은 여전히 러시아에 대한 정책적인 접근에 손을 내민다.
동유럽을 여행하던 중 나는 많은 사람이 때로는 애석한 듯 나치가 승리했다면 공산주의 치하의 삶보다 더 나았을 것이라고 주장하는 목소리를 듣곤 했다.
어떤 면에서는 그랬을 수도 있다. 아주 잠깐은 말이다.

이 잘못된 노스탤지어는 결정적인 사실을 간과하고 있다. 나치는 동유럽을 독일인들이 살아갈 레벤스라움Lebensraum, 즉 '생활권'으로 보았다는 사실이다. 그 외에는 어느 누구도 그곳에서 생활할 수, 아니 생존할 수조차 없었다. 나치의 지배가 소련의 압제보다는 좀 낫다고 낭만적으로 생각하는 이들은 한 가지 암울한 현실을 못 본 체하는 셈이다. 그들 역시 결국에는 수용소 굴뚝의 연기가 되어 날아갈 수 있었다는 사실이다.

전쟁이 끝난 후 어떻게 상황이 펼쳐졌을지와는 상관없이, 공산주의의 마르크스적 변증법은 특히 국제적 형태의 공산주의는 단명했다. 민족주의가 훨씬 더 강력한 이념이라고 판명 났기 때문이다. 그리고 역사가 보여주듯 민족주의는 뜻밖의 동맹을 탄생시켰다.

이것이 제2차 세계 대전과 제1차 냉전의 망령들이 끈덕지게 남아 오늘날의 지정학적 지형을 형성한 방식이다. 그리고 이들은 이념적으로 복잡하고 가끔은 역설적인 방식으로 러시아의 우크라이나 침공에 대한 반발심을 불러일으켰다.

우크라이나가 유대계 대통령, 극우 민족주의 무장 세력 그리고 그 중간의 모든 존재를 포함해 알 수 없는 연합과 함께 러시아의 침략에 맞서 싸우고 있는 이유가 여기에 있다.

뮌헨의 메아리

제2차 세계 대전의 망령은 유럽 전역에 크게 드리워졌다.

대다수 유럽인은 2022년 러시아에 저항하는 우크라이나를 보며 결코 잊히지 않는 가상의 상황을 떠올렸다. 1938년 체코슬로바키아가 주데텐 지방을 합병하려던 독일에 저항했더라면 일어났을 일이었다.

그해 영국 총리인 네빌 체임벌린은 체코슬로바키아 한구석을 히틀러에게 넘겨주는 대신 '우리 시대의 평화Peace in Our Time'를 확보했다. 그러나 그 지도자들은 같은 공간에 함께하지조차 못했다. 영국과 프랑스, 이탈리아, 독일이 서명한 1938년 뮌헨 협정은 체코의 국가 안보에 중요한 산악 지대인 주데텐을 합병하도록 허용했다. 베니토 무솔리니가 대표한 이탈리아는 단역이었을 뿐, 체임벌린과 에두아르 달라디에가 이끄는 영국과 프랑스가 히틀러의 야망에 맞서는 마지막 방어벽이었다. 결국 두 나라 모두 전쟁의 위험을 감당하는 대신 유화 정책을 선택했다.

영국과 프랑스가 전쟁을 치를 의지도 없고, 준비도 되어 있지 않다는 것을 알아차린 히틀러는 6개월 만에 협정을 위반해 체코슬로바키아의 나머지 지역을 점령하며 유화 정책이 실패했음을 증명했다.

분쟁의 역학이라는 관점에서 이 사건이 주는 교훈은 분명하다. 한 국가가 전쟁을 피하고 싶어 한다고 해서 상대국이 전쟁을 벌이지 않는다는 의미는 아니라는 것이다. 게다가 한 국가가 싸우지 않겠다는 의지를 내비칠 때 전쟁 억지력은 무너져 버린다. 확실한 위협이 아니라면 억지력을 지니지 못한다는 의미다.

우크라이나가 보여주는 교훈

1938년 뮌헨 협정은 역사상 최악의 외교 실패 가운데 하나로 널리 꼽힌다. 우크라이나의 전쟁을 통해 유럽이 체코슬로바키아와 맞서 싸웠다면 어떻게 되었을지 짐작할 수 있다. 1938년 체코슬로바키아가 저항했더라면 몇 가지 중대한 상황이 발생했을 것이다.

1. 독일인들은 험난한 지역에서 작지만 만만치 않은 군대에 맞서 싸워야 했을 것이다.
2. 연합국이 일찌감치 블리츠크리그^{Blitzkrieg 5} 전술을 경험하면서 폴란드와 프랑스는 이에 맞설 대응책을 마련했을 것이다.
3. 서구 정부는 군사적인 지출과 생산, 비축을 확대할 시간적인 여유를 가질 수 있었을 것이다.
4. 주데텐과 보헤미아 지방이 끈질기게 저항하고 버티면서 히틀러에게 손쉬운 승리를 안겨주는 대신 독일의 자원을 고갈시켰을 것이다.

군사 전략가들은 일반적으로 이전 전쟁의 승패에 따라 참전 준비를 한다고 한다. 유럽인들 뇌리에 깊이 박힌 기억은 바로 제2차 세계 대전이다.

1938년의 교훈으로 인해 오늘날 유럽의 어떤 지도자도 절대 싸우지 않고 굴복하는 것처럼 보이기를 원치 않는다. 그리고 정책 입안자

---

5 **블리츠크리그** '전격전'이라는 의미로 제2차 세계 대전 당시 독일군이 전차, 기계화 보병, 항공기, 공수부대의 기동성을 바탕으로 적의 방어선을 뚫고 빠르게 전선을 전개한 공격 전술을 의미한다.

와 전략가, 역사학자가 한때 1938년에 일어날 수 있을 것이라 이론만으로 제시한 모든 것이 2022년 러시아의 침공에 맞서는 우크라이나의 저항을 통해 실시간으로 펼쳐졌다.

여러 면에서 러시아의 침공에 맞서는 우크라이나의 저항은 나토와 유럽 국가들이 국방비를 늘리고, 군사 협력을 확대하며 푸틴의 군대가 사용하는 기술과 전략에 대응할 시간을 확보해 주고 있다. 우크라이나는 체코슬로바키아인들이 1930년대 후반에 나치의 침략에 저항한 방식과 같은 형태로 유럽의 시간을 벌어주었다.

우크라이나가 나머지 유럽 국가를 위해 어떻게 시간을 끌어주는지를 보여주는 가장 충격적인 사례는 2024년 7월, 나토가 역사상 처음으로 동유럽에 다국적 상비군을 배치한 일이다. 나토의 문턱까지 러시아가 침략할 수 있다는 두려움에 떨면서도 해당 지역에 군대를 배치하는 데 2년 반이 넘게 걸렸다. 푸틴의 군대가 더 신속하게 움직여 더 발전된 기술을 활용해 압도적인 병력을 투입할 능력을 과시했다면, 나토는 시간에 쫓겨 적재적소에 군을 배치하지 못했을지도 모른다.

중동은 왜 매번 폭발하는 걸까

제1차 냉전에서와 마찬가지로, 중동은 일촉즉발의 긴장감이 도는 지역이다. 제1차 냉전 동안 이스라엘인은 미국 편에 섰고, 중동의 아랍 국가들은 처음에 소련의 편이었다. 우월한 기술과 우수한 훈련 상태, 전술 등을 바탕으로 보았을 때 이스라엘은 상당히 우위에 있었다. 물론, 이스라엘에 유리하게 작용한 최대 이점은 제1차 냉전의 승자 편에 섰다는 점이다.

이스라엘과 더 넓은 중동 지역이 제2차 냉전의 격전지가 되는 데까지는 그리 오래 걸리지 않았다. 이곳에서의 갈등은 과거에 드러났던 전쟁의 위험을 다시금 끌어왔고, 이제는 발전된 군사 기술과 사이버 작전 등으로 더욱 증폭됐다. 안타깝게도 또다시 중동은 새로운 전쟁 전략들을 검증해 보는 시험장이 됐다. 여러 국가와 비국가 활동 세력들이 새로운 무기 체계와 비정규전 전략 그리고 비대칭 전술 등을 시험하고 있기 때문이다.

협동 대리전과
전략 교란

2023년 10월 7일 하마스의 이스라엘 공격은 중동 지역에서의 전쟁이 빠르게 확대되는 계기가 됐으며, 그 중대성은 국지적인 충돌의 수준을 훨씬 넘어선다.

하마스의 공격은 이란과 러시아 그리고 제2차 냉전의 동반자들이 추구하는 지정학적 목적을 뒷받침해 줄 더 광범위한 협동 대리전의 시작이 되었다. 이란이 가자 지구의 하마스와 레바논의 헤즈볼라, 예멘의 후티, 이라크와 시리아의 시아파 민병대 등 테러 대리군을 후원하는 것은 단순히 지역이 불안정해지는 것에만 국한되는 문제가 아니었다. 이는 러시아-우크라이나 전쟁으로부터 자원과 주의를 딴 데로 돌림으로써 미국과 유럽의 전략이 도달할 수 있는 범위를 축소하려는 의도적인 노력의 일환이었다.

러시아는 이란이 대리전을 지원하는 데 핵심적인 역할을 했다. 비정규전 경험이 풍부한 러시아의 용병 바그너 그룹Wagner Group은 헤즈볼라 등 이란이 후원하는 단체와 협동을 강화했고, 이 단체에 군사 훈련과 첩보 협력 그리고 무기 기술 등을 제공했다. 또한 시리아와 우크라이나에 참전했던 바그너의 경험을 공유하고, 서구의 이해관계를 무너뜨릴 수 있게 인프라와 물류망을 표적으로 삼으라고 조언했다.

한편 이란은 후티 군에 탄도 미사일과 드론, 장거리 타격 능력을 제공하며 후원을 강화했다. 러시아의 지리정보 지원를 받은 후티는 홍해의 선박들을 타격하기 시작했고, 세계 교역을 방해하며 미국과 유럽 강대국들이 막대한 해군 자원을 이 지역에 쏟도록 했다. 이 공격이 공급망에 중요한 선박을 표적으로 삼은 탓에 운송비가 오르고, 세계 시장은 더욱 불안해졌으며, 서구 군대가 우크라이나의 병력을 지원하지 못하도록 주의를 분산시켰다.

이란과 러시아의 협력에는 미국과 동맹국들의 이스라엘 방어, 전 세계적인 선박 항로 확보, 우크라이나에 대한 군사적 원조 지속이라는 분명한 전략적 목표가 있었다. 그 결과 서구의 경계 태세는 강화되었고, 모스크바와 테헤란 모두에 득이 되는 새로운 취약점이 생겨났다. 더욱이 미국과 유럽의 갈등으로 인한 사회적·정치적 긴장은 나토와 미국의 적대 세력에게는 최고의 선물과 같은 것이었다.

홍해와 우크라이나 그리고 동시다발적 난관

2024년 중반까지 이란을 등에 업은 후티는 러시아의 지형정보 및 관련 표적 정보 지원과 이란이 설계한 드론, 미사일의 조합을 함께 활용해 홍해를 사실상 전쟁터로 바꿔놓았다. 이들은 서구와 연계된 상업용 선박과 군용 선박 등을 공격하면서 미 해군과 영국 왕립 해군 그리고 다른 다국적군들이 해당 지역에서 계속 방어 작전을 수행하도록 압박했다.

세계적인 무역 항로를 보호하기 위한 해군의 배치로 인해 러시아의 우크라이나 침공에 맞서 나토가 동부 전선을 강화하는 데 사용할 수 있는 자원은 눈에 띄게 줄어들었다.

중동의 갈등 악화와 우크라이나 전쟁, 아프리카와 라틴 아메리카의 불안정한 정세 등 동시다발적인 위기들로 인해 제2차 냉전의 적대 세력이 펼치는 다면적인 전략이 두드러졌다. 이란과 러시아는 중국의 조용하지만 전략적인 경제적·정치적 지원과 함께 서구 강대국들이 지정학적 도전에 모든 역량을 쏟지 못하도록 시도했다.

제2차 냉전에서 중동은 여전히 새로운 군사 기술과 대리전 전략 그리고 지정학적 교란을 위한 시험대로 남아있다. 이란은 잘 조직된 테러리스트 대리 네트워크를 통해 미국과 유럽이 우크라이나에 쏟던 관심을 성공적으로 돌려놓았고, 러시아는 각종 정보와 전략을 제공하며 직접적으로 지원했다. 이런 공조는 미국과 동맹국에 전략적 딜레마를 안겨주었고, 그로 인해 이들은 여러 다양한 지역에서 비대칭적인 전쟁을 벌일 수밖에 없었다.

제2차 냉전에서 미국의 적들은 이러한 이점들을 대놓고 누렸다.

갈등이 깊어질수록 옛 냉전의 교훈을 되새겨야만 한다. 기술적인 우위와 정보의 우세 그리고 전략적 동맹을 유지하는 일은 이 새로운 범세계적 투쟁에서 힘의 균형을 결정지을 것이다.

그리고 중동은 다시 한번 그 분쟁의 중심에 서 있다.

CHAP 6 대만을 둘러싼 미국과 중국의 숨 막히는 게임

제2차 냉전이 격화되면서, 대만 해협은 세계에서 가장 위험천만한 지정학적 발화점이 될 위기에 놓여 있다. 중국은 오랫동안 대만을 필요하다면 강제로라도 재통합해야 할, 떨어져 나간 땅덩어리라고 보아왔다. 닉슨의 차이나 모멘트가 시동을 건 '하나의 중국' 정책은 제2차 냉전에서 잠재적인 충돌의 발단이 되었다.

중국은 대만을 더욱 압박하고 인도-태평양에 대한 미국의 영향력에 도전하기 위해 커져가는 군사력, 특히 해군력 팽창을 활용하고 있다. '연합리검 작전聯合利劍' 2024A와 2024B를 포함해 최근의 군사력 확대는 중국의 전략적 의도 그리고 잠재적인 충돌에 대한 군사적인 준비 태세를 강조해서 보여준다.

갈등의 전조: 연합리검 작전

2024년 중국은 대만을 봉쇄하고 침공하는 상황을 시뮬레이션한

056   PART 1

대규모 군사 훈련을 실시했다. 이름하여 '연합리검 작전 2024A와 2024B'이다. 이 훈련으로 중국 인민 해방군 해군과 공군, 로켓군이 참여하는 통합군의 역량을 과시했다.

중국의 목표는 분명했다. 대만을 포위할 능력을 입증하고, 공급망을 망가뜨리며, 외국의 개입을 막는 것이다. 미사일 타격과 상륙작전을 시뮬레이션하는 과정에서 해군과 공군의 급습은 전무후무한 수준까지 발전했다.

이후 연합리검 작전 2024B는 이런 기동훈련을 확대해서, 실사격 훈련과 정밀 타격 시뮬레이션까지 포함했다. 훈련은 동중국해와 남중국해의 합동해군 작전을 포괄하기 위해 대만 너머까지 확대되어서, 중국의 지역적 야심이 더 광범위해졌음을 드러냈다. 이 군사 훈련은 봉쇄 작전을 실행하려는 중국의 역량을 강화했는데, 이는 노골적인 침공에 앞서 대만의 경제에 타격을 입히고 항복을 강요할 수 있는 전략이었다.

중국 해군의
전례 없는 성장

중국 인민 해방군 해군은 현재의 함대 규모로 보자면 세계에서 가장 큰 해군이며, 2년마다 프랑스 함대 전체와 맞먹을 만큼 거대해지면서 놀라운 속도로 성장하고 있다. 항공모함과 구축함, 강습상륙함 등을 어마어마하게 증축하면서, 중국은 인도-태평양 전체에 영향력을 발휘하고 해상 요충지들에 대한 통제를 강화할 능력을 갖추게 됐다.

2025년까지 중국은 적어도 두 척 이상의 항공모함을 의뢰하면서, 원양 해군 작전Blue-Water Operation을 수행할 능력을 크게 강화할 것으로 보인다. 스텔스 구축함과 강습상륙함의 신속한 증가는 중국이 대만을 1차 목표로 삼아 해양 지배와 상륙전 시나리오를 준비하고 있음을 보여준다.

남중국해:
중국의 전략적 발판

중국은 남중국해를 사실상 군사화된 구역으로 바꿔놓았고, 산호초를 간척하고 인공섬을 조성해서 전진 작전기지로 활용하고 있다.

지난 10년간 중국은 피어리 크로스Fiery Cross 암초와 수비Subi 암초, 미스치프Mischief 암초 등의 지형을 다음과 같은 시설을 완비한 본격적인 군사 시설로 바꿔 놓았다.

- 장거리 레이더 시스템
- 전투기와 폭격기를 수용할 수 있는 활주로
- 미사일 격납고와 대함/대항공기 포대
- 연료 보급 및 재공급을 위한 심해 해군 시설

이러한 군사화 덕에 중국은 남중국해의 핵심적인 무역 항로를 장악하고, 대만의 안보에 막대한 압박을 가할 수 있었다. 심각한 충돌이 일어났을 때 이러한 전초 기지들은 대만을 효과적으로 중국의 테두리 안에 집어넣고, 미국이나 연합군이 막대한 사상자를 내지 않고는 타이베이에 원군을 보내기가 매우 어렵게 만들 것이다.

해상 봉쇄 또는
금수 조치의 고위험

중국의 막강한 해군 군사력을 감안할 때 대만은 중국의 '해상 봉쇄'라는 무시무시한 위험에 직면해 있다. 이러한 움직임은 중국이 당장 영토를 침공하지 않아도 대만의 에너지와 식량, 국제 무역에 대한 접근을 원천적으로 차단한다. 이러한 전략으로 대만은 항복을 하거나 외부의 개입을 요청해야 하는데, 두 가지 모두 막대한 위험이 따른다.

미국과 동맹국들은 현재 전략적 딜레마에 처했다. 이 지역에서 확실한 억지력을 유지하면서도 중국의 증가하는 해군력과 공군력을 저지해야만 하기 때문이다. 남중국해와 대만 해협이 점차 군사화된다는 것은 제2차 냉전이 직접적인 군사 충돌로 격화될 수 있음을 시사한다. 이는 전 세계 경제와 안보에 심각한 결과를 낳을 수 있다.

전장이 확장될 때: 새로운 충돌의 조건들

제2차 냉전은 한 구역에만 국한되지 않는다. 냉전은 다양한 지역에서 대리전과 경제규제 그리고 군사적 시위 등을 통해 벌어지는 범세계적 분쟁이다. 중동과 대만 해협이 주요 발화점이라면, 한반도와 아프리카, 라틴 아메리카 등 다른 지역들은 중요한 전장으로 급부상하고 있다. 미국과 중국, 러시아와 동맹국들이 앞으로 오랫동안 이어질 냉전에서 영향력을 확보하기 위해 경쟁할 가능성이 높은 지역들이기 때문이다.

한반도: 시한폭탄

북한은 제2차 냉전에서 가장 불안한 대리전 당사자 가운데 하나다. 중국과 러시아의 전략적 동반자의 역할을 맡고 있는 한편 인도-태평양에서 한국과 일본, 미국의 이해관계를 직접적으로 위협하기 때문이다. 김정은의 북한 정권은 우크라이나 전쟁에서 러시아에 상당한 물자를 공급하고 있다. 또한 핵과 미사일 능력을 지속적으로 확대하면서, 태평양과 미국 본토의 미군 기지를 타격할 수 있는 능력을 입증하기 위해 도발적인 시험을 점차 늘려가고 있다.

북한은 중국과 러시아와의 협력을 강화해 나가면서, 인도-태평양에서 불안정한 세력으로서 그 역할을 굳혔다. 중국은 밀무역과 에너지 공급, 금융지원 등을 통해 평양의 결정적인 경제적 생명줄을 제공하며, 국제 제재에도 불구하고 북한 체제의 생존을 보장해 주고 있다. 한편 러시아는 북한과의 군사적 유대 관계를 더욱 돈독히 유지하며, 군사 기술과 식량 원조, 외교적 지지 등을 제공하는 대신 우크라이나 전쟁에서 포탄과 미사일을 지원받고 있는 것으로 추정된다.

이 진화하는 파트너십은 중국과 러시아, 북한 간의 합동 군사 훈련을 통해 더욱 공고해지면서 이 지역 내 미국의 영향력에 도전하는 권위주의 국가들의 새로운 축을 형성하고 있다.

북한과 관련된 분쟁의 잠재적 발화점은 여전히 많고 불안정하다. 북한은 한국을 공격하거나 고위험 핵실험을 실시하는 등 긴장을 고조시키며 위기를 유발할 수도 있다. 중국의 대만 침공은 북한이 대담하게 한국을 공격하도록 자극해 미국과 동맹국들이 두 개의 전선을 형성해 양면 전쟁에 돌입할 수도 있다. 게다가 서해나 비무장지대에서 벌어진 군사 분쟁이 더 큰 충돌로 확대되면서, 이미 전 세계적으로 여러 건의 위기를 처리하고 있는 미국을 대립 상태로 몰아갈 수도 있다.

미국과 동맹국들이 태평양에서 중국을 상대하는 데 집중할수록, 북한은 제2차 냉전을 전면적인 지역 전쟁으로 확전할 수 있는 예측 불가능한 와일드카드로 남게 된다.

아프리카: 경제 세력과 군사 세력이 부딪히는 전쟁터

아프리카는 제2차 냉전에서 강대국들이 경쟁을 벌이는 중요한 격전지로 급부상했다. 중국과 러시아가 경제 제재와 군사원조, 정치공작 등을 통해 적극적으로 영향력을 확대하고 있다. 풍부한 천연자원과 전략적 항구 그리고 경제의 발전 덕에 아프리카 대륙은 지정학적 경쟁의 주요 표적이 되었고, 중국과 러시아 모두 이곳에 기반을 구축하고 싶어 했다.

아프리카에서 중국은 대개 '일대일로一帶一路 구상[6]'을 바탕으로 경제적으로나 군사적으로 진출하고 있으며, 그 결과 여러 아프리카 국가들은 대규모 인프라 차관을 통해 중국에 점차 의존하게 됐다. 이런 차관의 대부분은 부채 상환에 어려움을 겪는 국가들이 중국에 전략 자산을 양도해야 하는 '부채 함정 외교'로 이어졌다. 게다가 중국은 특히 아프리카의 지부티를 중심으로 군사기지와 훈련 프로그램을 시작했고, 그러면서 주로 아프리카의 뿔Horn of Africa[7] 주변을 지나는 핵심 해상 항로에 대한 권한과 통제권을 확보했다. 또한 중국은 여러 국가

6　**일대일로 구상** 중국과 유라시아 경제권을 육상과 해상으로 연결하여 하나의 경제권을 형성하는 초대형 프로젝트다.

7　**아프리카의 뿔** 아프리카 북동부에서 뿔처럼 튀어나온 지역에 있는 10개국을 뜻한다. 에리트리아, 에티오피아, 소말리아, 소말릴란드, 지부티 등이 여기에 속한다.

에 무기와 군사적 지원을 제공하면서 자국의 이익에 부합하는 권위주의적 정권을 강화하고 있다.

한편 러시아는 군사력을 바탕으로 세력을 확장하려고 애써 왔으며, 이를 위해 크렘린이 후원하는 민간 군사 기업인 바그너 그룹을 주로 활용하고 있다. 바그너 그룹은 말리, 리비아, 중앙아프리카공화국 등 분쟁이 지속되는 지역에 뿌리를 내리고 친크렘린 정권을 지원하는 한편, 금, 다이아몬드, 에너지 자원에 대한 접근권을 확보하고 있다. 러시아의 무기 수출 증가와 정치적 영향력 확대는 이러한 불안정화 세력으로서의 역할을 아프리카 대륙에서 더욱 공고히 하고 있다.

이제 여러 아프리카 국가는 대리전에 취약한 주요 분쟁 지역이 되었다. 수단에서 경쟁파벌들이 벌이는 내전은 중국과 러시아 모두의 관심을 사로잡아, 두 나라의 경제적 영향력에 따라 각기 다른 파벌을 지지하고 있다. 말리와 부르키나파소에서는 러시아가 바그너 그룹 작전을 통해 존재감을 키웠고, 프랑스와 미국의 반테러리즘 노력에 정면으로 맞섰다. 한편 콩고공화국에서는 중국의 경제적 지배가 채굴 계약을 통해 더욱 강화되고 있다. 이를 통해 중국은 '세계의 공장'으로서 입지를 확보하고, 콩코를 중국의 세력권 안으로 더 깊이 끌어들였다.

아프리카는 풍요로운 천연자원과 전략적인 선박 항로 그리고 끊임없는 정치적 혼란으로 인해 중국과 러시아, 서구 강대국들이 대리전을 치르는 고약한 전쟁터로 남았으며, 전 세계적으로 제2차 냉전의 역학 관계를 더욱 복잡하게 만들고 있다.

라틴 아메리카: 성장하는 중국의 경제적 기반

중국은 경제투자와 정치동맹, 군사 협력을 통해 라틴 아메리카에서의 영향력을 적극적으로 키워나가고 있으며, 이 지역을 제2차 냉전의 또 다른 전선으로 설정했다. 미국이 여전히 유럽과 중동, 인도-태평양에 초점을 맞추는 동안, 중국은 라틴 아메리카에서 꾸준히 입지를 넓혀가며 대리전과 지역 불안정을 촉발할 수 있는 잠정적인 불씨를 지피고 있다.

라틴 아메리카에서 가장 눈에 띄는 중국의 전략 중 하나는 경제적 지배다. 중국은 대부분의 남아메리카 국가에 가장 중요한 무역 상대국이다.

브라질, 아르헨티나, 칠레, 페루 같은 국가들에서 중국은 핵심 농업과 에너지, 광업 분야에서 그 통제력을 확대해 나가고 있으며, 중국의 투자에 더욱 의존하도록 만들고 있다. 이런 경제적 영향력은 부채 외교로 인해 더욱 강화된다. 재정적으로 어려움을 겪고 있는 많은 라틴 아메리카 국가는 중국의 정책과 전략적 목표에 부합하는 대가로 중국의 차관에 의존하면서 중국의 경제적 영향력은 더욱 강화되고 있다.

경제 이외에도 군사 개입 역시 더욱 첨예해지고 있다. 중국은 베네수엘라와 볼리비아, 니카라과와의 관계를 강화하면서 이 국가들에 무기와 감시 기술, 군사 훈련 프로그램을 제공한다. 이는 권위주의적 정권들을 육성하고 미국의 영향력을 줄이기 위한 것이다.

여러 라틴 아메리카 국가는 특히 중국과 러시아가 부추기는 대리전에 취약하다. 이미 중국과 러시아에 대대적으로 의존하고 있는 베네수엘라는 이 지역을 불안정하게 만드는 세력이 되어 인근 국가에 안보 문제를 야기할 수 있다. 에콰도르와 페루는 모두 경제적인 불안정을 겪고 있으며, 점차 중국의 부채 함정 외교에 이끌려 핵심 인프라에 대한 통제권을 잃을 수 있다. 그동안 아르헨티나는 중국과 군사적 유대 관계를 다지면서, 중국이 남대서양과 남극대륙 근처에서 전략적인 존재감을 확립할 기회를 주었다. 이는 지정학적으로 상당한 악영향을 끼칠 수 있는 움직임이다.

제2차 냉전과 대리전의 확장

제2차 냉전은 태평양에서 미국과 중국 간의 경쟁이나 러시아의 우크라이나 침공에만 한정된 문제가 아니다. 이는 한반도와 아프리카, 라틴 아메리카에서 대리 분쟁이 격화되고 있는 전 세계적인 투쟁이다.

특히 중국은 미국과 동맹국의 자원이 여러 전쟁터에 분산되는 동안, 군사 압박과 경제 제재 그리고 대리전의 조합을 활용해서 서구의 지배에 도전하고 있다.

동시다발적으로 지역적인 분쟁이 일어날 위험성은 현재 제1차 냉전 이후로 최고조에 이르렀다. 중국의 대만 해상봉쇄, 북한의 한국 공격, 중국과 러시아의 이해관계에 따른 아프리카 내전 그리고 라틴 아메리카의 불안정성은 모두 한꺼번에 벌어져, 미국과 동맹국들을 위기에 몰아넣을 수 있다.

제2차 냉전 시대의 대리전이 지닌 얽히고설킨 특성을 고려해 보면, 갈등은 더 이상 단독으로만 벌어지지 않는다. 한 지역의 위기는 전염병처럼 쉽게 국제적인 갈등으로 번지거나 세계 전역에서 악화되어 끔찍한 결과를 낳게 될 것이다.

CHAP 8 디지털 선동과 여론전의 무기화

소셜 미디어는 제2차 냉전에서 국가전복과 조작, 심리전에 사용될 가장 강력한 도구 가운데 하나다. 막대한 투자가 필요했던 전통적인 프로파간다와는 달리 오늘날의 적대 세력은 그저 거의 공짜나 다름없는 온라인 접근성을 확보하고, 불화를 조장해 상대의 기반을 약화할 디지털 교전 알고리즘만 이해하면 된다.

소셜 미디어는 은밀한 방식으로 사회를 해체하고 가짜 뉴스로 현실을 왜곡하는 허위 합의 편향False Consensus Bias[8]을 이용해 분열을 부추긴다.

디지털 선동과 소셜 미디어 전쟁의 방식

나는 지난 저서 『반란의 경제』에서 역사적으로 강력한 서사가 대중

---

8   **허위 합의 편향** 자신의 의견이나 신념, 선호 등을 실제보다 더 보편적이라고 착각하는 인지 편향.

을 동원해서 어떻게 혁명에 불을 질렀는지 검토한 바 있다. 20세기 초 선동과 선전부터 오늘날의 디지털 영향력 캠페인까지, 대중의 감정과 입소문이 퍼지는 모멘텀을 좌지우지할 수 있는 능력은 여전히 혁명 운동을 이끌고 사회 불안정을 조장하는 은밀한 노력의 핵심 도구로 남아있다.

성공의 비결은 언제나 똑같다. 인지된 억압, 경제적 어려움, 국가 적 굴욕 등을 활용한 메시지를 만들어내고, 이를 분노와 두려움, 억울 함이나 자부심과 같은 강력한 정서 반응을 자극하는 방식으로 전달한 다. 그리고 이것이 '널리 퍼진 합의'라는 착각을 일으키기 위해 여러 채 널에서 지속적으로 반복하는 것이다.

제2차 냉전에서 이 과정은 더욱 강력해졌다. 소셜 미디어의 알고리 즘은 단순히 정보를 제공할 뿐 아니라 무슨 수를 써서라도 참여를 유 도하는 방식으로 기획됐다.

소셜 미디어 전쟁에서 세간에 가장 잘 알려진 사례는 2016년 미국 대선 운동 당시 만들어졌다. 러시아는 긴장을 악화시키고 민주 제도 에 대한 신뢰를 허물어뜨리기 위해 기존의 미국 내 정치 진영을 이용 했다. 이는 무작위로 벌어지는 트롤링이 아니라 정교하고 장기적인 심리 조작으로, 민주 제도에 대한 대중의 신뢰를 약화하고, 정체성 기 반의 갈등으로 사회분열을 부추기며, 지역적인 불만을 증폭시켜서 국가의 단합을 해치려고 했다. 이 전략을 펼치는 것은 러시아만이 아니었다. 중국과 이란은 그 이후 비슷한 전략을 채택해서, AI 생산 콘텐츠와 딥페이크, 봇넷Bot Network[9] 등으로 범세계적 담론을 조작하고 서구의 화합을 파괴하는 데 활용하고 있다.

제2차 냉전과
디지털 제5열의 등장

제2차 냉전의 소셜 미디어 무기화에서 가장 위험한 결과는 심각한 내분을 일으켜 이를 디지털 제5열[10], 즉 자신도 모르게 자국의 이해관계에 반하는 행위를 하는 공동체로 작용하게 만든다는 것이다.

외부의 적이 확연히 구분되는 전통적인 전쟁과는 다르게, 소셜 미디어 전쟁은 시민들 사이의 불신을 자가 증식하고, 공통의 국가 정체성을 해치며, 객관적인 진실의 개념을 무너뜨린다. 이를 통해 사회는 분열되고 외부의 영향에 취약해진다.

---

9 **봇넷** 디도스(DDos, 분산 서비스 거부 공격)나 크리덴셜 스터핑(Cridential Stuffing, 유출된 사용자 계정 정보로 데이터베이스를 구축하고 여러 사이트에 무작위로 로그인하는 것) 등의 공격을 수행하기 위해 수천 혹은 수만 대의 감염된 컴퓨터와 머신, 사물 인터넷 장치 등으로 구성된 네트워크다.

10 **제5열** 스페인 내전 당시 파시스트 반란군의 지도자인 에밀리오 몰라가 마드리드 공략 작전에서 자신을 지원해 줄 마드리드 내의 지지자들을 부른 말로, 적국 내부에서 모략 활동을 펼치는 '내부의 적'을 의미한다.

베네딕트 앤더슨은 『상상된 공동체』에서 '민족주의가 역사적으로 공통의 언어와 인쇄 매체 그리고 집단적인 정체성 구축의 노력으로 형성되었다'고 주장했다. 반면에 오늘날 디지털 인쇄 자본주의Digital Print Capitalism는 이념의 반향실[11]을 만들어낸다. 이념의 반향실은 지리적인 개념을 초월하고 알고리즘이 이끄는 강화 루프Reinforcement Loop로 형성되며, 사실을 기반으로 한 담론보다 감정적인 도발을 우선시한다. 소셜 미디어는 사람들을 공통의 국가 정체성으로 결속시키기보다는 고도로 분절된 정체성을 조성한다. 어떤 경우에는 외국 적대세력이 이런 정체성을 적극적으로 만들어내기도 한다.

감정 이입의
고갈과 창의력 쇠퇴

소셜 미디어의 무기화가 가져오는 가장 해롭지만 논의에서 배제되어 온 문제가 있다. 소셜 미디어가 감정 이입과 창의력 모두를 약화하며, 사회가 조작에 더욱 취약해지게 만든다는 사실이다. 감정 이입의 고갈은 위기와 분노, 갈등이 끊임없이 쏟아진 결과로, 전반적으로 공감 피로로 이어진다. 사람들은 고통에 둔감해지고, 프로파간다는 도덕적인 저항에 부딪히지 않고 쉽게 성공을 거둘 수 있다. 소셜 미디어

---

11 **반향실** 특수 재료로 벽을 만들어 소리가 밖으로 새어 나가지 않고 메아리처럼 울리게 만든 방.

는 심층적으로 인간을 이해하기보다 사용자들이 신속하고 양극화된 감정적 반응을 보이게 길들이며, 그렇게 분열이 자리 잡게 된다.

동시에 창의력 쇠퇴는 소셜 미디어가 비판적 사고와 심층적인 분석을 억누르면서 발생한다. 알고리즘에 따른 콘텐츠 피드는 복합적인 사고보다 단기적인 개입을 우선시하는 한편, 반응적이고 초당파적인 담론이 늘어나면서 섬세한 논의를 막는다. 이런 환경은 지적인 호기심보다 '부족 충성도Tribal Loyalty'를 부추기고, 궁극적으로는 복잡한 문제를 해결하고 새로운 지정학적 위협에 적응할 수 있는 능력을 약화시킨다. 제2차 냉전 시대에는 창의적인 문제해결 능력이 쇠퇴하면서, 사회는 더욱 조작에 민감해지고, 이성적인 담론보다 감정적인 반응을 이용하는 외부의 적대 세력에 취약해지고 만다.

제2차 냉전과 소셜 미디어 전쟁의 미래

앞으로 소셜 미디어는 제2차 냉전에서 중요한 전투장 가운데 하나로 남을 것으로 보인다. 적대 세력은 여전히 여론을 조작하고, 민주주의를 불안정하게 만들며, 사회적인 신뢰를 깎아내릴 것이기 때문이다. 미국이 연방 공무원의 틱톡 사용을 금지하고 AI 생성 콘텐츠에 대한 규제를 강화하는 등 여러 조치를 취하고 있지만, 소셜 미디어 플랫

폼의 근본적인 인센티브 구조는 변하지 않고 있다.

소셜 미디어 플랫폼들이 참여 기반의 수익 모델을 우선시하는 한, 외부 적대 세력은 서구의 민주주의를 내부에서부터 약화하기 위해 디지털 생태계를 계속 무기화할 것이다.

전장은 바뀌었고, 전쟁은 이미 시작됐으며, 제2차 냉전 시대에는 진실과 국가 정체성, 디지털 회복력을 위한 싸움이 현대의 가장 결정적인 투쟁 중 하나가 될 것이다.

CHAP 9 체제 위기의 다섯 가지 징후

제2차 냉전은 군사, 경제, 기술, 정치와 디지털 등 다양한 차원에서 전개되는 범세계적인 투쟁이다. 이 갈등의 전략적 지형을 형성하는 가장 결정적인 위험과 노출은 적대 세력 간의 공조와 비대칭 전쟁, 경제적 의존 그리고 기술과 정보의 무기화에서 비롯된다.

제1차 냉전은 대략 미국과 소련 사이에서 양극화된 투쟁으로 정의할 수 있는 반면 제2차 냉전은 주로 중국에 집중되어 있다. 또한 러시아와 북한은 다양한 지정학적 무대에서 조직화된 혼란을 일으키며 미국과 동맹국의 우위에 도전장을 내는 전략적인 좌표축 일부로 본다.

군사적 위험: 대리전, 봉쇄 그리고 무력 충돌

중동은 여전히 발화점으로 남아있으며, 이란은 하마스·헤즈볼라·후티·그 외 민병대 등으로 구성된 대리전 네트워크를 무기화했고, 러시아 바그너 그룹의 직접적인 지원을 받고 있다. 이 조합은 우크라이나에 쏠리던 관심을 가져오는 한편 홍해의 상업 선박을 공격하면서 세계 경제를 불안정하게 만들었다.

그런가 하면 대만은 중국의 군사적 포위로 인해 일촉즉발의 위협을 받고 있다. 중국은 해군의 군사력 확장을 토대로 봉쇄나 금수 조치를 실행할 수 있는 능력을 갖추어 전면적인 침략이 아니더라도 대만이 항복하도록 효과적으로 압박할 수 있다. 최근 연합리검 작전 2024A와 2024B는 대만 주변 해역과 공역에 대한 전면적 봉쇄 능력을 보여주며 중국의 군사적 역량을 과시했고, 봉쇄가 길어졌을 때 대만의 경제와 국방이 어떻게 무력화될 수 있는지 보여줬다.

한반도는 북한이 중국, 러시아와 군사적 유대 관계를 더욱 견고히 다져가는 만큼 또 다른 위험을 안게 되었다. 북한이 핵무기와 재래 무기로 한국을 타격할 수 있는 능력을 갖추면서 특히 중국이 대만을 더 강하게 압박할 때 상황을 더욱 복잡하게 만들 수 있다. 중국과 북한이 동시에 공격하는 양면 전쟁은 미국과 동맹국의 자원을 한계점까지 밀어붙인다.

아프리카 역시 점점 더 치열한 전쟁터가 되어가고 있다. 중국과 러시아는 아프리카에서 무기 판매와 전략적 파트너십 그리고 바그너 그룹의 체제 지지 등을 통해 군사적인 영향력을 점차 키우고 있다. 수단, 말리, 리비아와 같은 국가들은 이미 미국과 유럽의 영향력이 체계적으로 약화되고 있는 대리전의 전장이 되었다.

경제적 위험: 무기화된 무역과 부채 함정 그리고 자원 의존도

경제 전쟁은 제2차 냉전의 본질적인 특징이다. 서구 경제를 불안정하게 만들기 위해 중국은 자국의 산업적 우위를, 러시아는 에너지 의존도를 악용하고 있다.

미국과 중국의 경제 자립으로 인한 경쟁은 하나의 중대한 취약점을 부각시킨다. 즉, 미국이 여전히 글로벌 금융 지배력을 유지하고 있는 반면, 중국은 산업 및 공급망의 일정 수준의 자립을 이뤄 서구의 제재에 대한 노출을 제한하고 있다는 점이다.

특히 희토류 광물, 반도체, 배터리 생산 등 핵심 공급망에 대한 중국의 통제는 미국에 전략적 위험 요소로 작용하며, 이는 미국이 주요 기술 및 군사 부품에서 여전히 적대적인 공급망에 의존하고 있음을 의미한다.

부채 함정 외교는 라틴 아메리카와 아프리카에서 특히 중국의 영향력을 확대시킨다. 경제적으로 어려움을 겪는 국가는 중국의 차관을 받는 대신 장기적으로 정치·경제적 특혜를 약속했다. 이를 통해 중국은 항만, 자원 개발, 에너지 프로젝트 등을 포함해 핵심 인프라를 확보할 수 있었고, 더 나아가 지정학적 영향력을 강화했다. 남중국해는 여전히 경제적 강압이 시행될 수 있는 분쟁지로 남아 있다. 중국이 인공섬을 군사화하면서 수많은 무역 항로를 효과적으로 통제할 수 있게 됐기 때문이다. 그리하여 중국은 강압적 전략을 활용해 대만을 선별적으로 봉쇄하거나 해상 무역을 방해해서 경제적인 흐름을 조작할 수 있는 능력을 갖추게 됐다.

에너지 의존도는 또 다른 결정적인 취약점으로 남아 있다. 러시아는 반복적으로 에너지 수출을 무기화하려는 야욕을 드러내며, 천연가스 공급을 통제해서 유럽 국가를 정치적으로 압박하려 한다. 한편, 리튬, 코발트, 희토류 광물과 같은 핵심 산업 자원에 대한 중국의 통제는, 이들 자원에 의존하는 서구의 방위 및 기술 산업에 대해 경제적 영향력을 행사할 수 있는 수단이 되고 있다.

기술적 위험: AI 전쟁, 사이버 위협 그리고 산업 스파이

제2차 냉전의 기술적 측면은 아마도 가장 빠르게 진화하고 위험해질 것이다. 중국은 AI와 사이버 전쟁, 디지털 감시 분야에서 선도국으로 부상하고 있다. 이 역량으로 범세계적 담론을 조작하고, 산업 스파이 활동을 수행하며, 군사력 사용을 강화하고 있다. AI 생성 콘텐츠와 딥페이크 기술, 알고리즘 기반의 거짓 선전 선동은 이미 민주주의를 뒤흔들고 여론에 치명적인 영향을 주고 있다. 대대적으로 사이버 작전을 펼칠 수 있는 중국의 능력은 미국과 동맹국의 안보 인프라에 실존적 위험을 초래한다. 이는 정부 네트워크와 민간 부문 지적 재산을 위반했던 과거 사례들로 증명된다.

산업 스파이는 여전히 중국과 러시아의 기술 발전에서 핵심 조력자 역할을 맡고 있다. 두 국가는 체계적으로 반도체와 국방 기술, AI에 관련한 지적 재산을 가로채 서구 경쟁국이 부담해야 했던 연구비와 개발비 없이도 군사적 근대화에 속도를 올릴 수 있었다. 대만이 세계 반도체 생산량에서 큰 비율을 차지하는 만큼, 반도체 공급망의 취약성은 또 하나의 중대한 위험이 된다. 대만은 전 세계 반도체의 60%를 생산하고 있는데, 봉쇄나 침공·경제적 강압으로 인한 혼란은 세계 기술 시장을 마비시키고 미국의 군사적·경제적 능력에 심각한 영향을 미치게 될 것이다.

정치적·전략적 위험: 제5열과 세계 분절화

제2차 냉전은 단순히 강대국 간의 경쟁이 아니라 각 국가 내부의 영향력 싸움이다. 현대의 지정학적 경쟁에서 암암리에 퍼지는 가장 은밀한 특징은 바로 디지털 제5열이다. 다시 말해, 적대 세력은 소셜 미디어와 AI가 생성한 허위 선전·선동 등을 이용해 서구 민주주의를 내부로부터 분열시키고 불안정하게 만든다. 적대 세력은 기존의 사회 분열을 더욱 증폭시키면서, 대중이 사회 제도를 믿지 못하는 상황을 조성하고 통치와 군사적인 안정을 더욱 어렵게 만든다.

라틴 아메리카와 아프리카에서 미국이 영향력을 잃으면서 또 다른 전략적인 위험이 대두됐다. 중국과 러시아가 해당 지역에서 존재감을 계속 키우고 있기 때문이다. 양국은 경제적인 투자와 정치 파트너십, 군사적 개입을 통해 전략적인 요충지에서 서구가 차지하고 있는 기반을 체계적으로 줄여나가고 있다. 또한 나토는 경제적 이익과 에너지 의존도가 어긋나면서 러시아와 중국의 도발에 대응하는 동맹의 결속력이 약화될 내부적인 압박에 직면했다.

중국과 러시아, 이란, 북한 간의 군사·금융·기술 협력이 증가함에 따라 점점 더 조직적인 어려움이 밀려들고 있다. 그들은 미국과 동맹국의 자원이 여러 복합적인 위기와 갈등으로 인해 고갈되도록 합심하여 행동하고 있다.

디지털 위험과 심리적 위험: 소셜 미디어 전쟁과 여론 조작

소셜 미디어의 무기화는 제2차 냉전 시대에 중대한 논쟁거리로 급부상했다. 적대 세력이 이를 통해 대중의 정서를 조장하고, 정치적 담론을 형성하며, 사회 결속력을 약화하기 때문이다. AI가 생성한 허위 정보와 봇넷 그리고 심리전 전술은 끝없는 불신의 악순환을 만들어서 객관적인 현실을 의심하게 하고 국가적 통합을 약화한다.

위기 담론과 분노의 순환 그리고 알고리즘 주도의 양극화가 끊임 없이 공격해 올 때 사람들은 정서적 고갈을 경험하고, 사회는 더욱 조작에 놀아난다. 동시에, 비판적 사고와 심층적 담론이 즉각적이고 극단적으로 편향된 소셜 미디어의 참여 형식에 억압되면서, 대중이 복잡한 지정학적 현실을 이해하고 해석하는 능력은 점점 약화되고 있다.

제2차 냉전의 양극화된 논쟁

정치 지도자는 우리가 제2차 냉전의 한복판에 놓였다는 사실을 인정하는 데 소극적일 수 있지만, 현재 정세를 설명하기에는 이만한 것이 없다. 제2차 냉전은 군사와 경제, 기술, 디지털 차원에서 벌어지는 세계적인 경쟁이다. 가장 큰 위험은 고립된 분쟁에서가 아니라 미국과 동맹국들의 대응을 한계점까지 끌어올리는 여러 위기가 동시에 확대될 때 나타난다. 중동과 대만, 한반도에서의 군사 충돌, 무역과 부채 외교를 통한 경제적 압박, 사이버와 AI로 벌어지는 기술전 그리고 정보 조작으로 인한 서구 세계 통합의 방해는 모두 변덕스러운 지정학적 지형을 형성하는 데 일조한다.

제2차 냉전에서 가장 위험한 측면은 이런 도전들이 동시에 발생한다는 사실이다. 미국의 적대 세력은 독립적으로 활동하지 않고, 서구의 권력구조를 약화시키고 무너뜨리기 위해 협력한다. 미국은 전략적인 우월함을 유지하기 위해 경제 자립을 강화하고 기술적으로 더욱 우위를 점하면서 정보 전쟁에 맞서고, 범세계적인 동맹을 더욱 튼튼히 다지는 데 집중해야 한다.

제2차 냉전은 이미 여러 분야와 산업에 걸쳐 중대한 영향을 미치며 세계 질서를 재편하고 있다. 금융과 에너지 시장부터 기술, 무역, 공급망에 이르기까지 지정학적 불확실성은 변동성을 높이고, 투자 전략을 바꿔놓고, 기업은 위험 노출을 재평가하도록 강요한다. 경제적·군사적 우위를 차지하기 위한 경쟁은 앞으로도 계속해서 글로벌 공급망을 파괴하고, 금융의 흐름을 바꾸며, 기술 경쟁의 구조를 조정하고, 통상적인 관계를 재정립하게 할 것이다. 그리고 이는 국가 안보와 기업 전략에 장기적으로 영향을 미칠 것이다.

이 새로운 불확실성의 시대를 제대로 헤쳐나가기 위해서는 경제력과 금융 시장, 산업 정책, 글로벌 동맹이 점차 진화하는 지정학적 긴장과 어떻게 교차하는지에 관해 깊이 이해해야 한다. 전 세계의 안정을 위한 싸움의 결과는 미국과 동맹국이 이렇듯 진화하는 위협에 얼마나 효율적으로 대처하는지에 따라 달라질 것이다. 또한 이 도전을 예상하고 받아들이고 대응하는 능력은 현재 펼쳐지는 제2차 냉전의 현실 속에서 국가와 기업 그리고 산업이 더 얼마나 더 빠르게 성장할 수 있을지를 결정할 것이다.

북극, 우주, 인터넷도 전장이 된다

제2차 냉전은 전통적인 군사 분쟁과 경제 경쟁을 뛰어넘어 향후 수십 년 동안 전 세계 힘의 역학관계를 좌우할 새로운 전장으로 확대되는 하이브리드전으로 전개되고 있다. 각국은 이제 급부상하는 네 곳의 전장에서 기술적 우위와 경제 안보, 군사적 우위 그리고 지정학적 영향력을 확보하려고 다차원적인 투쟁을 벌이고 있다. 바로 북극과 사이버 공간, 우주 그리고 공급망이다.

이 전장은 각각 고유한 도전 과제와 기회를 제시한다. 미국의 적대 국가는 비밀 작전과 경제 전쟁, 사이버 침입, 무역 교란 등을 효율적으로 활용한다. 제2차 냉전의 싸움터는 더 이상 군사적 개입만으로 결정되지 않는다. 이제는 핵심 자원 통제권과 정보 지배력, 산업 자립과 무역 안보 등을 포함한다.

북극: 에너지와 군사적 우위를 차지하기 위한 미래의 격전지

기후 변화로 인해 북극의 얼음이 녹아내리면서, 아직 손대지 않은 막대한 양의 에너지 자원과 희토류 그리고 새로운 무역 항로가 이 지역을 치열한 지정학적 각축장으로 바꿔놓고 있다. 북극해 항로는 아시아와 유럽 사이를 오가는 항해 시간을 획기적으로 줄여주어, 러시아가 장악하려는 중요한 전략적 통로가 됐다.

러시아는 구 냉전 시대 기지를 재가동하고, 극초음속 미사일을 배치해 북극 함대를 강화하는 등 북극에서의 군사적 입지를 빠르게 확장하며 지배권을 확보하고 있다. 중국 역시 '근북극권 국가Near-Arctic State'를 표방하며 북극 경쟁에 뛰어들었다. 중국은 '극지 실크로드Polar Silk Road' 전략으로 에너지 프로젝트와 운송 인프라, 군사 연계 연구소 등에 수십억 달러를 투자하고 있다.

미국과 나토 동맹국은 북극 해상 경비를 늘리고, 쇄빙선 함대를 확장하며, 캐나다와 노르웨이, 덴마크와의 동맹을 강화하는 등 대응에 나섰다. 북극은 더 이상 얼어붙은 황무지가 아니라, 에너지 안보와 군사적 위치, 경제적 영향력을 결정짓는 중요한 전장이다.

이것이 트럼프 대통령이 2025년 1월, 취임도 하기 전에 그린란드에 주목한 이유이기도 하다. 그린란드와 캐나다는 미국의 영향권 가운데 핵심적인 전장이 될 수 있다. 즉 러시아와 중국의 경제적·군사적 침공과 활동을 억지하는 데 미군이 꼭 필요할 것이다.

사이버 공간: 정보, 금융 통제, 대중의 인식을 둘러싼 그림자 전쟁

　사이버 전쟁은 제2차 세계 대전 이후 가장 만연하고 끈질긴 위협으로, 국가의 해커들은 군사 네트워크, 금융 기관, 주요 인프라, 심지어 시민들까지 노린다. 전통적인 전쟁과는 달리 사이버 공격은 경제를 마비시키고, 기밀 정보를 훔치고, 전력망을 교란하고 여론을 조작한다. 그러면서도 모든 사건이 우연을 가장해 벌어진다.

　러시아와 중국, 이란, 북한은 사이버 능력을 무기화했고 서구 정부, AI 연구실, 반도체 공장 그리고 에너지 체계에 침투하기 위해 지능적이고 지속적인 공격을 가하는 해킹 단체APT, Advanced Persistent Threat를 파견하고 있다. 이 국가들은 민감한 기술을 가로채고, 대규모 스파이 활동을 벌이면서 주요 공급망을 손상시킨다.

　거짓 선전 선동 역시 거짓 정보를 퍼트리고 사실을 왜곡하며 민주주의 제도에 대한 신뢰를 무너뜨리고 있다. 중국과 러시아는 거짓 선전 선동과 AI가 생성한 콘텐츠로 서구의 소셜 미디어를 장악했다. 그로 인해 선거와 정책 결정, 대만과 우크라이나에 대한 감정 그리고 무역 정책 등 전 세계 정서에 영향을 미치고 있다.

　미국과 동맹국은 이러한 디지털 위협을 무력화하기 위해 사이버 방어 능력을 강화하고, AI 기반 사이버 방어 시스템과 양자 저항 암호화 Quantum-resistant Encryption[12], 사이버 공세 작전 등을 효율적으로 사용하고 있다. 그러나 사이버 공격이 점차 AI 주도로 자동화됨에 따라 정보와 대중적인 영향력을 얻기 위한 전투는 더욱 치열해질 것이다.

우주:
마지막 개척지의 군사화

우주는 더 이상 과학 탐사나 영리 목적의 사업만을 위한 영역이 아니다. 우주는 군사적 패권과 정보 우위 그리고 전략적 제재를 위한 전쟁터가 됐다. 위성은 전 세계 군사 작전과 통신·경제 거래의 기반이 되고 있다. 그로 인해 우주는 가장 경쟁이 치열하면서 취약한 전쟁 영역 중 하나가 됐다.

러시아와 중국은 반위성 무기와 우주 기반 전자전電子戰 체계 그리고 서구의 위성을 교란하거나 무력화하는 사이버 도구를 개발했다. 2021년, 러시아는 자국의 위성 중 하나를 폭파해 그 파편을 어마어마한 규모로 퍼지게 만들면서, 물리적 반위성 미사일ASAT, Anti-Satellite[13]

---

12 **양자 저장 암호화** 양자 컴퓨팅의 위협으로부터 데이터와 액세스, 통신 등을 보호하기 위해 만들어진 암호화 기술.

13 **물리적 반위성 미사일** 지상이나 전투기에서 미사일, 레이저 등을 발사해 전략위성을 파괴하는 인공위성 요격 무기시스템을 통칭한다.

의 위력을 과시하고 미래에 일어날 갈등에서 우주를 무기화하겠다는 의지를 강조했다.

한편 중국은 군사 우주 프로그램을 놀라운 수준으로 확장했다. 우주 자산에 대한 감시, 사이버 공격, 미국과 동맹국의 우주 자원에 대한 전자전을 수행할 수 있는 이중 용도 위성을 쏘아 올렸다. 저궤도 통신과 우주에서의 AI 컴퓨터 활용, 달 자원 채굴 등의 통제가 중국이 추구하는 우주 실크로드Space Silk Road의 목표다.

미국 우주군과 나토 동맹국은 발 빠르게 대응 능력을 개발하고 있다. 여기에는 위성 이중화 프로그램, AI 기반 궤도 방어 시스템, 우주 기반 미사일 요격기 등이 포함된다. 스페이스X, 블루 오리진, 록히드마틴 등의 민간 기업 역시 서구의 우주 인프라를 확보하는 데 중요한 역할을 하고 있다.

우주의 군사화는 앞으로 다가올 미래의 위협이 아니다. 우주는 활성화되고 격화되고 있는 제2차 냉전의 격전지로, 위성과 AI, 궤도 방어 시스템에 대한 전략적인 통제가 미래의 세계 권력 구조를 결정할 것이다.

공급망:
무역의 무기화와 산업 자립

제2차 냉전 시대에 공급망은 전장이다. 각국이 핵심 원자재와 산업적 역량, 무역 항로 등을 확보하기 위해 경쟁하기 때문이다. 미국과 중국의 경제적 탈동조화는 관세와 무역 제제, 투자 금지 등으로 가속화되고 있으며, 세계 무역의 근간을 흔들어 놓았다.

미국은 본토에서의 반도체 생산과 희토류 가공, 첨단제조업 육성에 전폭적인 노력을 쏟기 시작했다. 2023년 바이든 행정부는 중국산 AI와 반도체, 양자 컴퓨팅에 대해 기술 투자 제한 조치를 확정하면서 공급망 부문을 더욱 옥죄었다. 한편 트럼프 2기는 관세를 확대하고 강력한 규제를 밀어붙이면서 중국과 무역을 제한할 가능성이 높다.

중국은 '미국 지우기Delete America' 전략으로 여기에 대응하고 있다. 이 전략은 2022년 79호 문건에 드러난 내용으로, 미국 하드웨어와 소프트웨어에 대한 중국의 의존도를 줄이는 것을 목표로 한다. 중국은 적극적으로 반도체 생산과 기술 연구·개발에 투자하고 있지만, 이 자립 노력은 서구의 수준보다 몇 년에서 몇십 년 정도 뒤처진 상태다.

미국과 동맹국은 환적[14]을 엄중하게 단속하면서, 중국 기업들이 제

---

14 **환적** 화물을 운송할 때 출발지에서 최종목적지까지 하나의 선박으로 움직이는 것이 아니라 중간 기착지에서 다른 선박으로 옮겨 싣는 것을 의미한다.

3의 국가를 통해 화물을 수송해서 미국의 관세를 피할 수 있는 구멍을 막아버렸다. 양자 컴퓨팅 기반의 무역 감시와 블록체인 기반의 추적 체계 덕에 앞으로는 상품의 원산지를 감시하고 확인하며, 공급망 부정행위를 추적하고 기술 제한을 강화할 수 있을 것으로 보인다.

홍해와 남중국해, 북극항로처럼 군사적으로 노출된 무역 항로는 세계무역을 조금 더 복잡하게 꼬아놓는다. '공급망의 무기화'란 기업들이 이제는 지정학적 위험을 모든 사업적 의사결정에 반영해야만 한다는 의미다. 그러면서 중요한 상품을 적대국이 아닌 우호적인 국가로부터 공급받도록 보장하는 것이다.

민간 기업과 군사 방위산업체는 마찬가지로 단일 소싱 전략을 줄이고 중국에 의존하지 않는 조달 전략에 집중해야 한다. 결국, 중국과 물리적으로 갈등을 빚을 위험이 커지면서, 이런 공급망은 제조업과 의료, 자본재, 에너지, 기술, 그 외의 공급망에 빠르고 부정적으로 영향을 미치기 전에 축소되어야만 한다.

제2차 냉전의 확대

북극과 사이버 공간, 우주 그리고 공급망에 관한 대립은 지엽적인 갈등이 아니다. 각국이 기술적 우월성과 경제적 회복력, 군사적 우위 그리고 지정학적 영향력 등을 두고 경쟁하는 제2차 냉전의 주요 전장이다.

북극에서는 에너지 자원과 희토류, 무역 항로 통제권이 전 세계 에너지 안보와 군사적 입지를 결정할 것이다. 사이버 공간에서는 AI 기반의 사이버 공격과 정보 전쟁, 거짓 선전 선동이 대중의 인식 형성과 경제 안정과 국가 안보를 좌우한다. 우주에서는 위성 지배력, 우주 기반 미사일 방어 그리고 달 자원 채굴을 위한 경쟁이 지구 대기권을 넘어 새로운 군비 경쟁을 부추긴다.

공급망에서 미중 경제의 탈동조화와 무역의 무기화로 인해 기업, 산업, 국가는 산업 및 무역 전략을 재고해야 하는 상황에 처해 있다.

이 새로운 네 곳의 전장을 지배하는 국가와 기업, 기술이 다음 세기를 결정지을 것이다. 기술적인 역량을 확보하고, 경제적 방어를 공고히 하며, 탄력적인 공급망을 구축하는 국가가 2차 냉전 시대에서 이론의 여지가 없는 초강대국으로 부상할 것이다. 적응하지 못하는 국가는 경제적으로 쇠퇴하고 전략적으로 취약해지면서 차세대 국제 경쟁에서 뒤처지고 말 것이다.

최고의 위협 수단이 된 경제

경제는 경제학자들에게만 중요한 것이 아니다. 특수 작전을 포함해
국가 안보 전문가가 경제를 중요하게 여겨야 한다. 실제로 경제 안보는
향후 10년 동안 핵심 키워드가 될 것이다.

경제는 국제 갈등에서 정세를 형성하고 영향을 미치는 가장 중요한
원리 중 하나다. 현대의 갈등에서 경제의 중요성은 아무리 강조해도
부족하다. 경제 안보에 관한 분석력을 강화하면 갈등 가능성과 갈등
억제 그리고 궁극적인 물리적 갈등 결과 등을 더욱 정밀하고 날카롭
게 판단할 수 있다.

경제 안보는 미국과 동맹국 그리고 그 적대 세력에 대한 국가 안보
에서 핵심적인 자산이자 속성이다. 단순히 경제적인 문제를 넘어서
군사 대비 태세와 전략적인 선택에 직접 영향을 미친다. 경제 안보 분
석을 군사 기획에 포함해야만 경제적인 취약점이 향후 갈등에 걸림돌
이 되지 않는다.

특수 작전에서 경제 안보는 군사력을 증폭시키는 데 도움이 된다. 억지력을 강화하는 한편 적대국의 경제력과 자급자족 능력에 타격을 입힐 수 있기 때문이다.

경제 안보의 두 가지 버팀목

프레스티지 이코노믹스가 개발한 제2차 냉전 프레임워크에 따르면 경제 안보는 두 가지 중요한 요소로 구성된다. 바로 '권력'과 '경제적 자급자족'이다. 이 두 가지 역할을 냉정하게 평가하는 것이 갈등 가능성과 억제의 선택 그리고 물리적 갈등 결과 등을 검토할 때 그 동기와 수단, 약점을 정확히 이해하는 데 매우 중요하다. 미국 경제에 적용되는 관점에 따르면 경제 안보를 떠받치는 두 축의 기능을 강화함으로써 미국은 절대적인 경제적 우위를 유지하고, 적대 세력의 영향력으로부터 자국을 보호하는 동시에 물리적 군사 충돌 가능성을 낮추는 억지력을 높일 수 있다.

경제력

경제력을 측정하는 대표적인 지표는 GDP^{국내 총생산, Gross Domestic}

Product이다. GDP는 무역을 제외하고 한 국가의 국경 내에서 발생하는 경제 활동의 총합을 의미하며, 소비·투자·정부 지출·순수출이라는 네 가지 주요 요소로 구성된다.

GDP는 경제력을 평가하는 데 가장 널리 사용되고 선호되는 척도다. 이는 GNP국민 총생산, Gross National Product과 구별되며, GNP는 국경 밖에서 창출된 생산도 포함하는 국가 전체의 경제 성과를 나타낸다. 경제 성장과 국가의 경제력을 평가할 때는 GDP가 가장 적합한 지표로 여겨진다.

GDP가 경제력의 핵심 척도라면, 인구 규모는 전쟁 결과를 예측하는 중요한 역사적 요인으로 자주 언급되어 왔다. 이는 경제 데이터가 부족했던 과거에 인구를 상대적으로 쉽게 파악할 수 있는 대체 지표로 사용한 결과일 수 있다. 그러나 오늘날에는 인구 외에도 1인당 경제 활동 수준 등 다양한 분석 방법이 존재한다.

현대 경제학은 노벨경제학상 수상자인 로버트 솔로Robert Merton Solow의 성장 모형을 통해 경제 성장은 자본·노동·기술의 결합에 의해 이뤄진다고 본다. 즉 인구 규모는 GDP를 구성하는 요소 중 하나일 뿐이며, 기술은 점점 더 경제력의 핵심 요소로 부상하고 있다. 이는 군민 양용 기술 개발뿐만 아니라 GDP와 기본 경제 활동 전반에 걸쳐 중요한 역할을 한다.

GDP 외에도 노동 인구, 자본 축적, 국가 자산, 자본 시장 접근성 등

은 경제력을 나타내는 주요 지표다. 여기에 경제적 자급자족 능력은
경제 안보의 또 다른 핵심 축을 형성한다.

경제적
자급자족

경제력은 갈등 억지력을 제공하지만, 장기적인 갈등 상황에서 국가
의 회복력을 유지하는 데는 경제 안보의 두 번째 축인 경제적 자급자
족이 핵심 역할을 한다. 이는 적대 국가에 대한 의존 없이 자국 경제를
유지할 수 있는 역량을 의미한다.

경제적 자급자족은 전략적 자원의 비축, 강력한 국내 생산 기반, 독
립적인 기술 확보, 다변화된 공급망 그리고 무기 생산에 필수적인 산
업용 금속 및 핵심 소재의 안정적 공급 등을 기반으로 한다.

미국의
경제력 평가

미국은 세계 최대 규모의 경제를 보유하고 있으며, 최근 몇 년간 선
진국 중 가장 빠르게 성장한 국가 중 하나다. GDP는 미국 경제력을

가장 잘 보여주는 핵심 지표이며, 노동 시장은 GDP의 약 70%를 차지하는 개인 소비를 중심으로 활발하게 움직이고 있다.

경제 성장 외에도, 미국의 자본금은 주요한 지표 중 하나다. 이는 건물, 기업, 에너지 자산, 제조업, 기술 산업, 인프라 등 물리적 생산 자산을 포함한다. 또한 미국이 세계 주식 시장에서 차지하는 비중 역시 미국 경제력의 또 다른 지표다.

국제 부채 시장에 대한 접근성도 중요한 요소다. 1차 냉전 시대에 미국은 소련에 비해 높은 지출 여력을 보였으며, 이는 글로벌 부채 시장에 보다 쉽게 접근할 수 있었기 때문이다.

현재 미국의 국가 부채는 약 36조 달러에 달하지만, 대부분이 국내 투자자에 의해 보유되고 있으며 외국 보유 비중은 제한적이다. 예를 들어 중국은 미국 부채의 약 2%만을 보유하고 있다. 이는 미국 경제가 여전히 절대적인 강점을 유지하고 있음을 방증한다.

미국의 경제적
자급자족 평가

경제력 측면에서는 미국이 분명한 우위를 점하고 있지만, 경제적 자급자족 측면에서는 상대적으로 취약한 것으로 평가된다. 이는 미국의 공급망, 생산 능력, 기술 독립성이 외부의 영향에 취약함을 의미한다.

세계화는 미국의 경제 성장에 기여했지만, 동시에 자급자족 역량을 약화시켰다. 원자재, 금속제품, 의약품, 군민 양용 기술에 대한 해외 의존도는 증가했으며, 특히 중국은 주요 공급망에서 핵심적인 역할을 하고 있다.

따라서 미국은 이러한 취약성을 인식하고 대응 전략을 수립해야 한다. 특히 중국, 러시아, 이란, 북한 등 주요 경쟁국과의 갈등 가능성에 대비해 군수 물자의 독립적인 공급망 확보가 필요하다.

경제적 저항과 회복력 지원

경제 안보를 경제력과 자급자족이라는 두 축으로 나누는 것은 SRR 저항 및 회복력 지원, Support to Resistance and Resilience 접근법을 실행하는 데 실질적인 통찰을 제공한다. 이는 군사적 갈등의 방지 및 억지를 위한 전략으로, 미국과 중국 및 그들의 동맹국 간의 경제 안보 분석이 중요하다.

SRR 전략의 일환으로 시행되는 경제 제재는 선별적 무역 규제, 금융 제재, 산업 재편 등을 포함하며, 적대국의 영향력을 약화하고 군사적 역량을 제한하는 것을 목적으로 한다. 이러한 제재는 단순한 경제적 압박을 넘어서 전략적 억제 수단으로 활용될 수 있다.

미국과 동맹국은 글로벌 공급망의 다변화, 핵심 산업 보호, 회복력 강화 등을 통해 적대 세력의 영향력을 사전에 차단할 수 있다. 이는 SRR 정책의 효과성을 극대화하는 출발점이 된다.

약점 분석과
정책 수립

현재 분석에 따르면, 미국은 경제력 측면에서는 강점을 지니고 있으나 자급자족 측면에서는 다소 취약하다. 반면 중국은 GDP 등 전통적인 경제 지표에서는 미국에 뒤처지지만, 산업 자급자족이나 핵심 자원 확보 측면에서는 비교적 우위를 점하고 있다.

이러한 사실은 SRR 프레임워크 하의 동맹국 내에서 핵심 소재, 군민 양용 기술, 군수 생산 등 산업 역량을 강화해야 할 필요성을 시사한다. 미국은 이를 바탕으로 동맹국과 협력·투자를 확대하고 전략적 산업 자립성을 도모할 수 있다.

미국은 금융 시장과 경제 분야에서 절대적 우위를 갖고 있는 만큼, 제2차 냉전에서 경제력을 활용한 전략이 핵심이 될 것이다. 동시에 자급자족의 약점을 보완하기 위해 동맹국과의 산업적 상호 의존성 강화를 병행해야 한다. 이를 위해 공동 생산 협정, 기술 공유, 핵심 소재 전략 비축 등 다양한 정책이 필요하다.

앞으로의
전망

경제 안보는 미국의 전략적 경쟁력을 뒷받침하는 핵심 요소로 부상하고 있다. 본 분석은 경제력을 구성하는 요소들과 자급자족 역량을 세분화하여 검토함으로써, SRR 전략 실행의 기초를 제공한다.

심층적인 동맹국 및 경쟁국 분석은 미국의 전략 수립에 핵심적인 통찰을 제공하며, 자급자족 역량 강화와 적국의 경제적 영향력 억제를 위한 전략 수립에 기여할 수 있다. 궁극적으로 경제 안보 분석은 저항 운동 강화, 공급망 독립, 전략적 제재 수단 마련 등 실질적인 SRR 실행에 활용될 수 있다.

경제 안보를 중시하는 SRR 전략은 제2차 냉전에서 갈등 방지 및 억제를 위한 핵심 수단이 될 것이다. 미국은 경제력과 자급자족 능력을 독립적으로 평가할 수 있는 체계를 구축하고, 전략적 동맹과의 협력을 강화하며, 효과적인 제재 메커니즘을 마련함으로써 경쟁 속에서 전략적 우위를 확보할 수 있다.

이러한 분석과 전략은 미국이 경제적 약점을 보완하고, 글로벌 영향력을 지속적으로 확대해 나가는 데 결정적인 역할을 할 것이다.

PART 2

지금은
냉전
2.0시대

전쟁은 더 이상 총으로만 벌어지지 않는다.
권력은 기술, 에너지, 금융, 공급망 속에서
재편되고 있다. 냉전 2기의 작동 환경을 해부한다.

CHAP 12 앞으로 세계 경제는 누가 이끌까

제2차 냉전에서 세계적인 경제 지형은 지정학적 파편화와 공급망 탈동조화 그리고 변화하는 경제 성장의 역학 관계에 따라 재편성되고 있다. 2025년 1월 발표된 'IMF 세계 경제 전망 보고서'는 '세계의 성장: 확산성과 불확실성'이라는 제목으로 세계 경제는 더 이상 성장하지 않고 확실한 승자와 패자로 나뉜다고 발표했다.

전 세계적으로 GDP 성장률은 2025년과 2026년에 3.3% 증가한다고 예측되는 반면, 그 분배는 점차 불공평해지고 있다.

지난 5년 동안 세계 경제의 최대 승자는 미국 그리고 중국을 제외한 신흥 개발국인 것으로 나타났다. IMF에 따르면 가장 큰 손해를 본 나라는 미국을 제외한 선진국과 중국이었다. 이들의 성장 궤적은 모두 인구 감소와 지정학적 파편화, 경제 구조 조정으로 인해 둔화되었다.

IMF가 2019년과 비교해 2024년의 실제 GDP 성장률을 잠재적으로 내다보았을 때, [그림 12-1]에서 나타나듯 미국과 중국을 제외한 신흥 개발국의 잠재성장률은 가속화됐지만, 중국과 다른 선진국의 성장은 둔화했다.

[그림 12-1] **IMF 실제 GDP 성장 예측치의 확산**

실제 잠재적 GDP 성장률 변화

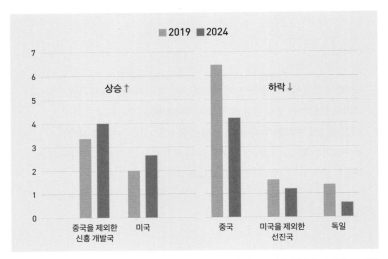

[출처: IMF 〈세계경제전망〉, IMF 연구원 추정]

　미국의 경제는 잠재 GDP 성장률이 줄어드는 세계적인 추세와 달리 지배적인 경제 세력으로서 공고히 자리를 지키고 있다. 동시에, 중국을 제외한 신흥 개발국은 활발한 성장세를 보이며 실제 GDP 성장을 더 빠르게 이루고 있다. 이는 인도와 동남아시아, 라틴 아메리카의 일부와 아프리카가 차세대 경제 성장의 중심지가 되고 있음을 시사한다. 중국을 비롯한 선진국의 경제적 하향세는 인구 노령화와 지정학적 역할의 변화 그리고 공급망 재편성 등으로 인한 구조적인 변화가 이뤄지고 있음을 나타낸다.

신흥 개발국의 부상: 인도와 그 밖의 국가

　제2차 냉전 이후 경제의 가장 큰 특징 중 하나는 신흥 시장 경제, 특히 인도, 인도네시아, 베트남, 라틴 아메리카 일부 지역의 부상이 될 것이다. 이 지역들은 21세기 중반을 거치며 1인당 GDP가 증가하는 모습을 보여줄 것으로 기대되며, 인구 증가와 산업 팽창, 도시화 그리고 기업의 생산기지 이전으로 인한 외국인 투자 증가 등이 이를 주도할 것이다. 특히 인도는 핵심적인 성장엔진으로 눈에 띄는데, 청년 인구가 늘어나고 기술 부문이 확장됐으며 국내 소비가 증가하면서 이득을 본 덕이다. 중국의 경제 활동 인구가 이미 줄어들고 있는 상황에서 인도는 앞으로 30년 동안 주요 경제국 중 노동력 확대와 새로운 경제 성과를 달성하는 가장 중요한 동인動因이 될 것으로 전망된다.

　그러나 인도와 다른 신흥 개발국들이 쉽게 대세를 차지하지는 못할 것이다. 이 국가들은 아직 인프라가 부족하고 공급망이 제대로 갖춰지지 않았으며, 중국이 수십 년간 걸쳐 쌓아온 제조업의 역량에 크게 부족하기 때문이다. 전 세계 생산량이 중국에서 이들 지역으로 옮겨가기에는 많은 시간과 투자가 필요하다는 의미다. 게다가 이 국가들 역시 임금이 상승하고 상품과 재화에 대한 수요가 높아지면서, 향후 세계시장에는 인플레이션의 압박이 더해질 수 있다.

공급망 탈동조화와 탈세계화, 관세로 인한 인플레이션의 위험

중국으로부터 공급망이 분리되는 과정과 대대적인 탈세계화 추세는 제2차 냉전에서 세계 경제를 파괴할 수 있는 인플레이션 위험을 초래한다.

지난 30년 동안 세계화와 적시 생산 방식JIT, Just-In-Time 공급망 덕에 기업들은 가장 저렴하고 효율적인 곳에 생산을 아웃소싱할 수 있었다. 그러나 지정학적 우려와 국가 안보의 우선순위 그리고 경제적 구조 조정으로 인해 리쇼어링과 니어쇼어링이 확산되면서 제조나 산업 생산이 미국과 멕시코, 인도 같은 고비용 지역으로 옮겨가고 있다.

이러한 변화는 세 가지 주요 요인으로 인해 상품 및 서비스의 비용 상승을 초래한다.

1. 이전한 공급망의 생산비 증가
2. 중국 상품에 대한 관세 및 무역의 제한
3. 공급망의 재구성에 따른 운송 및 물류비 상승

제2차 냉전 시대에 관세를 경제 무기로 도입할 경우 인플레이션 압박은 더 강화할 것이다. 미국과 동맹국이 경제적 적대국에 관세를 부과하면서 중국의 수출을 계속해서 제한할 경우, 가전제품부터 산업원료까지 모든 것의 비용은 상승할 것이다. 이러한 관세로 인한 가격 상승은 결국 고스란히 기업과 소비자가 떠안게 된다. 물가가 상승한 만큼 허리띠를 졸라매야 하기에 세계적인 경제 활동은 저하될 수밖에 없다.

이처럼 소비자에게 직접적으로 영향을 미치는 것을 넘어, 탈세계화는 핵심 자재와 공급망에 병목 현상을 일으켜 GDP 상승에 위험 부담을 높인다. 희토류와 핵심 산업용 금속, 그 외의 핵심 자재 등에 대한 접근성이 제한되면 제조업과 기술의 발전이 둔화하기 때문이다.

예를 들어, 중국은 여전히 전 세계 희토류의 60% 이상을 통제한다. 따라서 이에 대한 접근을 막는 것은 미국의 국방 물자 생산과 전기차 제조, 반도체 생산에 차질을 빚을 수 있다.

미국의 경제적 우위와 금융 시장 리더십

이러한 위험에도 불구하고 미국은 여전히 강력한 GDP 성장 잠재력과 선도적인 금융 시장 그리고 탁월한 자본 배분 효율성 덕에 여전히 세계 경제를 강력하게 지배하고 있다. 최근 IMF는 다른 선진국이 성장 부진과 저출산으로 인한 인구 고착화 등으로 힘겨워하는 것과는 달리 미국 경제는 잠재 GDP 성장률을 높이기 위해 박차를 가하고 있다고 추측했다. 이 추세는 미국이 단순히 최고의 경제 대국일 뿐 아니라 가장 빠르게 성장하는 선진국이라는 주장을 뒷받침한다.

또한 미국 자본 시장은 유럽, 중국 또는 신흥 시장의 경쟁자보다 더 큰 유동성, 강력한 기업 수익 성장, 더 강력한 투자자 기반을 제공하면서 글로벌 금융 시스템을 계속해서 지배하고 있다.

미국의 달러는 여전히 세계의 기축 통화로 국제 무역과 자본의 흐름에서 미국의 금융 및 경제의 지렛대 역할을 하고 있다. 지정학적 긴장이 고조되는 와중에도 미국 금융 시스템은 글로벌 투자처로 선호되며, 이러한 추세는 제2차 냉전 이후에도 계속 이어질 전망이다.

경제적
위험

미국의 경제는 여전히 우세하지만, 구조적 위험에서 자유로운 것은 아니다. 제조업 구매관리자 지수PMI, Purchasing Managers' Index 같은 주요 경제 지표의 모니터링은 미래 경제 동향을 가늠하는 데 매우 중요하다. 구매관리자 지수는 산업생산과 공급망 상태 그리고 전반적인 기업 정서를 실시간으로 이해할 수 있도록 도와준다. 제조업 구매관리자 지수가 꾸준히 감소하고 있다는 사실은 경제적 모멘텀이 둔화하고 있음을 의미한다. 특히 고금리나 공급망 파괴에서 오는 인플레이션 압박으로 인해 수요가 줄어들고 있음을 알 수 있다.

미국이 직면한 또 다른 장기적인 과제는 복지 비용의 상승이다. 사회 보장 제도와 메디케어Medicare, 메디케이드Medicaid 비용이 앞으로 더욱 상승하면서, 정부 예산에 부담을 주고 재정 건전성에 대한 우려를 높일 것으로 예상된다. 복지 혜택이 경제 성장률을 앞서게 되면, 이는 국방과 인프라, 기술 혁신 등 제2차 냉전의 핵심 영역에 전략적으로 투자할 수 있는 정부의 능력을 제한하게 된다.

동시에, 출산율 감소도 미국과 전 세계 경제에 장기적인 역풍으로 작용할 것이다. 노동인구의 감소는 GDP 성장을 방해하고, 노인 부양비를 높이며, 사회안전망에 부담이 된다. 미국이 인구 규모에서 중국과 유럽보다는 나은 상황이지만, 출산율 감소와 이민자 수 감소가 친성장 노동인구 정책을 통해 개선되지 않으면, 장기적으로 노동력 확보가 어려워질 수 있다.

새로운 시대를 탐색하라

제2차 냉전에서 세계 경제는 공급망의 탈동조화와 성장 동력의 변화 그리고 지정학적 위험의 증가로 인한 무역·금융·투자 전략의 재편 등과 함께 근본적인 변화를 맞이하고 있다. 미국이 여전히 경제와 금융에서 우위를 차지하고 있지만, 인도와 다른 신흥 경제국의 부상은 글로벌 성장엔진의 변화를 예고하고 있다. 그러나 탈세계화와 관세, 원자재 부족으로 인한 인플레이션 압박은 신중하게 처리되지 않는다면 공급망을 파괴하고 성장을 둔화시킬 것이다.

기업과 투자자, 정책 입안자는 이 불확실성의 시대를 헤쳐나가기 위해 전략적으로 대응해야 한다. 공급망을 안정시키고, 구매관리자 지수 등의 경제 지표를 모니터링하며, 재정적인 위험을 사전에 예방하고 인구 변화에 대응할 수 있는 능력을 키워 장기적인 성공 전략을 세워야 한다.

제2차 냉전 시대에 경제력은 단순히 성장률로 결정되는 것이 아니다. 중요한 것은 회복력과 적응력 그리고 세계적인 경제 현실을 빚어낼 수 있는 능력이다.

쩐의 전쟁:
미국 vs 중국의 자본 전투

제2차 냉전은 세계적인 금융 체제를 변화시키고, 자본 시장과 투자의 흐름,
경제 전략을 재편하고 있다. 주요 경제국인 미국과 중국의 분열로 인해
금융기관과 정책 입안자, 투자자들은 위험을 재평가하고 자원을 재분배하며
더욱 파편화된 세계 경제에 적응해야만 한다.

초세계화Hyper-Globalization에서 양극화된 제2차 냉전 세계로의 전
환은 외국인의 직접 투자와 자본 할당 그리고 화폐 정책이 지정학적
경쟁의 핵심 도구가 되면서 금융 시장의 근본적인 구조 조정을 요구
하고 있다.

지정학적 금융 그리고
세계적인 자본 재할당

가장 극적인 변화 가운데 하나는 중국의 미국인 직접 투자가 급격
히 줄어들었다는 것이다. 이는 공급망 탈동조화와 투자 재편이라는

광범위한 추세를 보여준다. 오랫동안 미국 기업은 중국 제조업과 기술에 자본을 쏟아부으며, 낮은 비용과 대규모 인프라가 안겨주는 혜택을 누렸다. 그러나 지정학적 긴장이 높아지고 규제 강화와 국가 안보의 문제가 대두되면서 이 추세는 역전되기 시작했다.

미국 정부는 기업들이 대체 시장으로 투자를 전환하도록 적극적으로 장려하고 있다. 이로 인해 인도와 멕시코, UAE 그리고 다른 비동맹 국가에 외국인 직접 투자가 급속히 늘어나고 있다. 이 국가들은 미국이나 중국 가운데 어느 쪽과 경제적·군사적으로 동맹을 맺으며 아슬아슬한 줄타기를 할지 고심해야만 한다.

이 국가들은 이제 새로운 금융과 경제 강국으로 부상하였으며, 세계 기업들이 탈중국 운영 다각화를 모색하면서 글로벌 자본 흐름의 변화로 인한 혜택을 누리고 있다. 게다가 미국은 이미 중국과 마카오 특별행정구, 홍콩 특별행정구에 대한 미국인의 투자를 제한했다.

미국의 금융 무기: 대외원조, 경제적 강압 그리고 전략적 투자

미국은 다른 국가들을 세력권으로 끌어들이고 중국의 일대일로 구상에 대응하기 위해 경제력과 금융지배를 활용하고 있다.

중국이 인프라 대출과 부채 외교를 통해 경제적 영향권을 넓히려고 '일대일로 구상'을 사용하는 동안, 미국은 통상 위협과 재정적 혜택 그리고 직접적인 경제통합 제안을 적절히 혼합해서 대응하고 있다.

대외원조는 점차 외교적인 수단으로 사용되고 있다. 미국은 다른 국가를 상대로 중국의 대출 과다 인프라 프로젝트를 대체할 방안을 제시하면서, 동시에 중국의 경제적 영향력을 약화하기 위해 관세와 무역 규제를 적용하고 있다. 또한 미국의 경제 정책에 동조하는 국가에는 유리한 무역협정과 금융투자를 제안하고 있다.

제2차 냉전 시대를 맞은 금융의 미래는 미국과 중국이 신흥 경제국에서 영향력을 확보하기 위해 경쟁하면서 경제적 강압과 금융 외교가 세계적인 전략 경쟁의 핵심이 될 것이다. 여러 면에서 이는 구 냉전의 중요한 특징이었던 '소프트 파워 외교'가 귀환했다고 볼 수 있다. 당시 미국의 돈은 세계적인 양극화 투쟁에서 동맹이자 친구가 된 국가들로 흘러갔다. 제2차 냉전 시대를 살아가고 있는 지금, 이러한 역학 관계는 다시 한번 세계적인 영향력 전술의 중심에 설 것이다.

인플레이션 위험과
공급망 탈동조화의 대가

세계적인 금융 체제는 공급망 탈동조화의 결과로 생겨난 인플레이션을 해결하려고 애쓰고 있다. 몇 년 동안 세계화와 중국의 제조업 우위에 힘입어 생산비용은 낮게 유지될 수 있었다. 그러나 미국과 동맹국이 제조업을 인도와 북아메리카 같은 지역으로 이전하면서 공급망의 비효율성과 높은 인건비는 인플레이션 압박에 박차를 가했다.

관세를 경제 무기로 도입하면서 소비재와 산업 자재, 핵심 기술 등의 비용이 상승해 인플레이션 위험은 더욱 심각해지고 있다. 게다가 중국의 희토류와 반도체, 산업금속 규제는 세계적인 생산능력을 파괴하고, GDP 성장률을 잠재적으로 둔화시키는 위험을 지녔다. 원자재 부족과 무역 파편화로 인해 새로운 재정적 취약성이 발생하고 있으며, 전략적 자원과 산업 투자에 대한 접근성이 제2차 냉전의 핵심 요소가 되고 있다.

금융 시장과
투자전략의 미래

격변기에도 불구하고 미국의 금융 시장은 여전히 우위를 차지하고 있고, 세계적인 투자의 흐름을 주도하고 있다. 달러는 세계의 기축 통화로서 지위를 공고히 하며, 중국이 디지털 위안화를 대체 금융 체제로 추진하는 와중에도 미국의 자본 시장은 더욱 강해지고 있다. 미국 시장의 유동성과 효율성은 세계 투자자들이 지정학적 불안에도 불구하고 여전히 미국을 선호하는 이유다.

투자전략은 이러한 위험에 맞춰 변화하고 있다. 금융 회복력이 더욱 중요해지면서 지정학적 위험과 인플레이션에 맞설 대비책으로 원자재와 방위산업주, 산업 인프라로 투자가 몰리고 있다. 대중장세大衆場勢가 공급망 파괴와 고금리에 적응하면서, 사모펀드와 대체투자가 탄력을 받고 있다. 그 결과, 국가 안보와 산업 정책의 금융화가 전 세계적인 자본의 흐름을 바꿔놓았다.

재정 건전성: 미국의 부채와 복지 혜택에 주어진 장기적인 과제

미국 경제가 회복력을 유지하고 있는 반면, 금융 시스템에는 장기적인 재정 위험이 도사리고 있다. 사회 보장 제도와 메디케어, 메디케이드 같은 복지 혜택 비용이 증가하면서 미국의 국가부채는 36조 달러를 능가했다. 게다가 이 복지 혜택 프로그램은 2030년대에 도래할 것으로 예상되는 채무불이행의 목전에서 아슬아슬하게 버티고 있다.

제2차 냉전은 국방비 상승과 대외 원조, 산업 투자를 요구하는 만큼, 재정 건전성은 앞으로 다가올 미래에 중요한 도전 과제가 될 것이다. 이는 민간과 정부의 지출을 줄이려는 트럼프 행정부의 압력에 영향을 미쳤을 가능성이 크다.

인플레이션과 금리, 자본의 흐름을 관리하기 위해서는 경제 안보와 재정적 책임 사이에서 섬세하게 균형을 맞춰야만 한다. 전략적인 구상에 맞춰 자금을 지원하면서도 금융안정을 유지하는 능력은 미국이 제2차 냉전에서 장기적인 리더십을 확보하기 위해 반드시 필요하다.

파편화된 세계에서의 금융 재편

제2차 냉전은 세계 금융의 구조를 바꿔놓고 있다. 재정적 압박과 경제 외교의 역할을 강화하는 한편, 세계의 자본이 중국에서 벗어나 전략동맹국으로 향하게 만들고 있다. 이러한 변화에도 불구하고 미국은 중국의 경제적 야욕에 맞서기 위해 자국의 자본 시장과 무역협정, 재정적인 영향력을 활용해 세계 금융의 중심축으로 남을 가능성이 높다. 그러나 공급망 탈동조화와 무역 파편화, 인플레이션 압박으로 인한 금융 시장의 회복력은 시험에 들 것으로 보인다.

투자자와 기업, 정책 입안자들은 새로운 금융의 시대를 맞아 위험과 투자분산, 지정학적 구조 조정에 전략적으로 접근해야 한다. 미국과 돈독한 연대를 맺든 재정적으로 독립을 하든 대체 금융 체제에 편입하든 간에 이 변화하는 환경 속에 효율적으로 자신의 자리를 차지한 국가들이 전 세계 경제 리더십의 다음 단계를 규정하게 될 것이다.

중국과 그의 동맹국은 미국과 그 주변 동맹국에 다양한 영역에서 도전 과제를 안긴다. 그러나 미국과 유럽, 아시아와 기타 동맹국은 경제적으로 훨씬 더 강하다.

미국은 잠재적인 GDP 성장률을 가속함으로써 미국과 동맹국이 중국과 그 동맹, 대리군에 맞서 경제력을 효과적으로 행사할 능력을 갖췄음을 증명해야만 할 것이다.

CHAP 14 국가 전략의 핵심은 에너지 독립

제2차 냉전은 세계 에너지 시장의 구조를 바꾸고 있다. 천연가스와 원유, 에너지 안보 전략의 중요성이 높아지는 동시에 신재생 에너지 공급망과 전기차 부품 그리고 핵심 소재에서 취약성을 드러내고 있다.

세계 에너지 지형은 양분화되는 추세이고, 국가 안보가 전통적인 시장 만큼 에너지 정책에도 영향을 미친다. 이는 천연가스 수요가 늘어나고, 원유 의존도는 변함없이 지속되고, 공급망 위험이 중국, 러시아, 이란 같은 적대국과 연결되어 있다는 점에서 분명히 드러난다.

천연가스: 제2차 냉전 시대의 급부상하는 발전 연료

신재생 에너지는 에너지 믹스Energy Mix[15]에서 중요한 몫을 차지하지만, 때때로 중단되는 간헐성이 근본적인 과제로 남아 있다. 언제나 태양이 빛나지도, 늘 바람이 불지도 않기 때문이다. 이런 현실로 인해 천연가스는 점차 필수적인 전환 연료Transition Fuel로 자리하게 됐다. 이러한 현실은 특히 각국 정부가 저탄소 대안을 찾는 추세에 따라 석탄을 단계적으로 줄여나가도록 압력을 가하고 있다. 천연가스는 석탄에 비해 CO_2 배출량을 대략 50% 감축하는 만큼, 에너지 안보를 희생하지 않고 배출 감소를 추구하는 국가들이 선호하는 선택지가 되었다.

천연가스 수요는 전 세계적으로 급증할 것으로 예상된다. 중국과 인도, 유럽은 수급 위험에 대비하기 위해 장기적인 LNG 계약을 기대하고 있다. 미국은 지배적인 LNG 수출국으로 부상했고, 러시아의 에너지 무기화에 대응하기 위해 기록적인 양의 LNG를 유럽으로 수출했다. 이러한 변화는 에너지 공급망의 지정학적 중요성을 강조한다. 서방 국가들은 러시아산 가스와의 연을 끊어내고 믿을 만한 대안을 확보하려고 시도하고 있다. 제2차 냉전은 천연가스를 경제 정책과 안보 정책의 핵심으로 만들었고, 범세계적인 동맹은 이제 에너지에 대한 접근권을 중심으로 재편되고 있다.

---

15 **에너지 믹스** 안정적인 에너지 공급을 위해 에너지 생산방식을 다양하게 구성하는 것.

원유: 세계 경제 성장을 위한
필수 에너지원

탈탄소화에 대한 논의가 광범위하게 이뤄지더라도, 원유 수요는 전 세계적인 인구와 부富의 증가로 인해 늘어나고 있다. 현재로서는 석유의 가성비와 이동성, 확장성을 이길 에너지원은 없다. 개인 교통수단과 중공업, 군용 에너지로 따지자면 더욱 그렇다. 가까운 미래에도 바뀔 가능성이 없으며, 그렇기에 경제 발전과 군사 작전에서 원유는 전략적 필수품이 될 것이다.

미국은 현재 원유와 정제 석유 제품의 가장 중요한 생산자이며, 세계 에너지 기반이자 석유와 LNG의 주요 수출국이다. 그러나 중국은 여전히 세계 최대 원유 수입국으로 중국으로서 에너지 안보는 매우 중요한 쟁점이다. 중국은 안정적인 원유 공급처를 확보할 필요성에 따라 페르시아만 국가와의 연대를 강화하고, '일대일로 구상'을 통해 아프리카 산유국에 대한 영향력을 확대해 나가고 있다. 미국은 핵심 산유국에 대한 영향력을 유지하기 위해 무역 협정과 대외 원조, 경제적 강압을 활용하며 여기에 대응해야만 한다.

중국에 동조하는 석유 생산국에 대한 경제 제재와 관세 위협은 중국이 에너지원에 접근할 수 없게 막는 수단이 되며, 그로 인해 중국은 비용이 더 높은 대안을 선택할 수밖에 없게 된다. 동시에 미국은 핵심 동맹국에 미국의 에너지 수출량에 대한 우선권을 보장해 주는 금융 혜택을 제공할 수 있다. 제2차 냉전에서 에너지 외교는 이제 전략적 동맹을 끌어가는 핵심적인 동력이 되었다.

전기차와 배터리 공급망의 지정학적 리스크

전기차 보급의 급증으로 심각한 공급망 취약성이 드러나고 있다. 특히 배터리 생산에 필요한 리튬, 코발트, 니켈 등 핵심 광물의 확보 가능성에서 두드러진다. 중국은 이와 같은 핵심 소재를 제련하고 가공하는 산업을 장악하고 있으며, 이는 제2차 냉전의 긴장감이 치솟는다면 서방 국가에 상당한 위험을 초래할 수 있다.

전기차의 도입이 증가하고 있지만 만병통치약과는 거리가 멀다. 전기차 생산은 여전히 중국이 지배하는 공급망에 크게 의존하고 있고, 지정학적 불안전성은 산업을 마비시킬 수 있는 혼란을 가중한다. 게다가 신재생 에너지의 간헐성은 전기차가 동력을 생산하기 위해 천연가스를 사용하게 될 것이라는 의미로, 에너지 공급망을 확보해야 할 중요성이 더욱 강조된다.

이에 대응하기 위해 미국과 동맹국은 배터리 공급망을 인접한 지역에 확보하고 미국 내 리튬과 희토류 채굴을 늘리며, 중국 의존도를 줄이기 위해 대체 배터리 화학에 투자하기 위해 노력하고 있다. 중국산 전기차 부품에 대한 관세와 무역 규제도 광범위한 제2차 냉전 경제 정책의 일환으로 더욱 강화될 것으로 예상된다.

러시아, 이란, 중국산 에너지와 물자를 배제한 공급망

제2차 냉전에서 가장 시급한 과제는 미국과 동맹국이 러시아와 이란, 중국 그리고 대리군을 포함한 적대국으로부터 에너지와 핵심 소재를 공급받지 않고도 기능할 수 있어야 한다는 점이다. 에너지 공급망은 외국의 조작과 제재 그리고 지정학적 붕괴에 맞서 탄력적으로 대응할 수 있어야 한다.

러시아가 유럽 내 에너지를 무기화하면서 석유, 천연가스 그리고 정유 제품의 독립적인 공급원을 확보하는 것이 국가 안보의 긴급한 과제가 됐다. 2000년대 초 유럽에서 거주하거나 일하던 사람은 누구나 친환경 에너지로 전환하기 위해 저렴하고 풍부한 러시아의 천연가스에 의존할 때 독일과 유럽의 산업 경제가 안게 되는 위험성을 인지하고 있었다.

러시아 가스에 대한 유럽의 의존도는 전략적인 취약점으로 드러났고, 미국은 LNG 수출과 새로운 에너지 파트너십으로 그 격차를 메우기 위해 적극적으로 노력하고 있다. 마찬가지로 이란도 세계 석유 시장에 영향을 미치면서 장기적인 리스크로 작용하고 있으며, 안정적인 대체 공급원을 확보하여 이를 해결해야 한다.

탄화수소 외에도 신재생 에너지 인프라와 태양열 패널, 풍력 발전용 터빈 그리고 배터리 소재에 대한 서방 국가의 중국 의존도는 또 다른 주요 취약점이다. 미국과 동맹국은 자국 내 생산에 투자를 늘리고 자원이 풍부한 비동맹 국가와 파트너십을 강화하며, 적대 경제국에 대한 노출을 줄이려는 무역 정책을 실행하는 등 결정적인 조치를 취해야 한다.

이를 완성하기 위해 미국과 동맹국은 다음과 같이 다섯 가지 우선순위에 초점을 맞춰야 한다.

- 미국과 동맹국의 희토류 채굴과 제련 능력을 확대해 리튬과 코발트, 니켈에 대한 중국 의존도를 줄여나간다.
- 라틴 아메리카, 아프리카, 동남아시아와 새로운 에너지 파트너십을 구축하여 핵심적인 에너지 소재를 확보할 공급망을 다각화한다.
- 소듐 이온 배터리와 전고체 배터리 등 대체 배터리 기술에 투자하여 리튬과 코발트에 대한 의존도를 줄인다.

- 동맹국 내에서 신재생 에너지 구성품(태양열 패널, 풍력 발전용 터빈, 배터리 등)의 생산을 장려하여 중국의 신재생 에너지 공급망에 대한 의존도를 줄인다.
- 미국, 캐나다, 멕시코 그리고 우호적인 페르시아만 국가들로부터 에너지 수출을 늘리고 러시아와 이란에 대한 의존도를 낮춘다.

에너지 공급망 확보는 경제적인 필요성뿐만 아니라, 제2차 냉전에서 지정학적으로 반드시 수행해야 할 과제다. 미국으로서는 적대 세력이 핵심 자원을 지배하면서 에너지 인프라와 기술이 발전하지 못하는 일이 발생하지 않도록 해야 한다. 결국 에너지는 경제적 성장과 부의 핵심 구성 요소이며, 충분한 에너지를 소비하지 않고 고성장하는 경제는 존재하지 않기 때문이다.

미국의 에너지 전략: 중국의 '일대일로 구상'에 맞서라

중국은 '일대일로 구상'을 바탕으로 에너지 생산 국가들과 관계를 굳게 다지면서 경제에 필수적인 원유와 LNG, 산업용 금속에 대한 장기적인 접근성을 확보할 수 있었다.

여기에 맞서기 위해 미국은 적극적으로 금융과 에너지 지배력을 활용해야 한다. 대외 원조와 에너지 수출, 금융 인센티브 등을 활용해 각국이 중국의 경제 궤도에서 벗어나도록 도와야 한다는 의미다.

미국이 에너지 독립성을 높일 다채로운 전략적 접근법은 다음과 같다.

- 인도와 멕시코 같은 신흥 경제국에 인센티브를 부여해서 해당 국가가 미국의 투자를 통해 에너지 독립성을 확보하도록 한다.
- 유럽과 아시아로 LNG 수출을 확대해 러시아 또는 중국이 연계된 프로젝트에 의존하는 것을 방지한다.
- 에너지 인프라 개발에 영향을 줄 수단으로 대외 원조를 활용하고, 새로운 프로젝트가 미국의 경제와 안보 목표에 부합하도록 한다.

에너지 외교와 투자 전략에서 이러한 변화는 글로벌 에너지 리더로서 미국의 지위를 유지하는 한편, 핵심 에너지 시장에서 중국의 영향력 확대를 제한하는 데 필수적이다.

에너지 안보는 제2차 냉전의 전략적 기반이다

에너지 안보는 이제 제2차 냉전의 본질적인 쟁점이 되었다. 각국은

석유와 천연가스, 핵심 광물의 안정적인 공급을 확보하려고 경쟁하는
가 하면 기후 공약과 경제적 과제 사이에서 아슬아슬한 균형을 맞추
고 있다.

미국과 동맹국은 에너지 독립성을 확보하고, 공급망에 대한 적대국
의 지배를 예방하며 세계적인 영향력을 유지하기 위해 에너지를 전략
적인 수단으로 적극적으로 활용해야 한다. 또한 미국과 동맹국이 높
은 총 GDP와 1인당 GDP 수준을 유지하기 위해서도 에너지 공급망
확보가 시급하다.

제2차 냉전에서 에너지 정책은 더 이상 경제적 효율성이나 환경 지
속 가능성만의 문제가 아니다. 이제는 무기이자 협상카드이고, 세계
적 우위를 점하기 위한 수단이다. 안정적인 에너지 공급원을 확보하
고 독립적인 공급망을 개발하며 에너지를 전략 자산으로 활용하는 국
가가 앞으로 진정한 글로벌 리더로 거듭날 수 있다.

CHAP 15 공급망은 어떻게 국가를 인질로 잡는가

제2차 냉전은 근본적으로 세계적인 공급망을 재편하고, 기업과 정책 입안자 그리고 금융 기관이 증가하는 지정학적 위험과 공급망 탈동조화, 군사화된 무역 항로 그리고 기술적인 혼란 등에 적응하도록 강요한다.

내가 2019년에 저술한 『공급망의 미래 경쟁력Futureproof Supply Chain』은 자동화, 라스트 마일 물류Last-mile Logistics16, 금융화, 무역 위험, 국가 안보 문제 등을 주제로 제시했고, 이제 이 주제들은 그 어느 때보다 시의적절해졌다. 미국과 동맹국이 적대 세력에 의존하지 않고 경제를 보호하려 할 때, 공급망 회복력은 최우선 순위가 되어야 할 핵심 전략이 됐다.

---

16 **라스트 마일 물류** 상품이 물류창고에서 나와 소비자에게 도달하는 최종적인 단계를 의미한다. 예를 들어 새벽 배송이나 로켓배송처럼 배송 시간과 정확도를 높이는 것이 중요해지면서 물류비 부담을 높이고 있다.

프랙털적 갈등의
전염 위험성

제2차 냉전에서 가장 위험한 특성은 갈등이 프랙털 구조로 확대되고 악화한다는 점이다. 전통적이고 순차적인 군사 개입과는 달리, 현대의 갈등은 복잡하고 한데 얽힌 역학 관계를 드러낸다. 국지적으로 벌어진 충돌이 재빨리 더 큰 지역의 갈등이나 전 세계적인 대립으로 확전된다.

프랙털적 갈등은 핵심적인 국제 수송 운송 경로에서 특히나 파급력이 크다. 작은 규모의 갈등이나 공격이 빠르게 확장되면서, 전 세계적인 무역과 공급망에 영향을 미칠 수 있기 때문이다. 이란을 등에 업은 후티가 2024년 홍해를 지나는 선박을 공격한 사건은 국지적이고 비대칭적인 위협이 어떻게 파격적인 경제적 결과를 낳을 수 있는지를 실질적으로 보여준다. 보험사는 보장을 거부했고, 운임은 치솟았으며, 기업들은 더 길고 비싼 항로를 찾아 바꿔야 했다.

이와 마찬가지로 남중국해와 대만 해협, 페르시아만의 긴장은 세계적인 무역의 흐름에 상당한 위험을 초래한다. 이 지역에서 긴장이 고조될 때 다음과 같은 상황이 촉발할 수 있다.

- 중요한 운송로의 대대적인 혼란, 특히 전 세계 석유 운송의 약 20%를 차

지하는 호르무즈 해협, 전 세계 무역의 3분의 1에 영향을 미치는 남중국
해, 홍해와 인도양을 연결하는 바브엘만데브 해협이 여기에 속한다.
- 공급망의 병목 현상 발생 기업들은 물류를 변경해야만 하고, 이는 핵심
소재와 에너지 공급, 생산 제품의 부족으로 이어진다.
- 한 지역의 붕괴는 세계 경제까지 연쇄적으로 퍼져나가고, 인플레이션 압
력을 증폭하고 금융 불안전성을 야기한다.

이러한 위험은 제2차 냉전의 양극적인 특성으로 인해 더욱 심화된
다. 중국과 러시아, 이란과 북한은 미국과 동맹국을 여러 지역에 개입
하게 만들어 자원을 고갈시키기 위해 협공을 펼친다.

갈등 전염의 위험성은 직접적인 군사 대립에만 국한되는 것이 아니
라, 사이버 공격과 통상 금지 조치 그리고 공급망의 취약성을 노리는
경제적 강압 전략 등이 포함된다.

군사적으로 노출된 공급망과
국제 무역 비용의 증가

공급망과 운송로의 무기화는 현재 제2차 냉전의 결정적인 특징이
다. 이는 홍해와 바브엘만데브 해협에서 가장 확실하게 드러난다.
2024년, 후티가 상업용 선박을 미사일과 드론으로 공격해 국제 무역

에서 새로운 위기를 만들어낸 것이다.

이러한 공격의 직접적인 결과로 운송비가 치솟았다. 기업들은 수에즈 운하를 피해 아프리카의 희망봉을 도는 더 길고 비싼 항로를 택해야 했기 때문이다. 운송 시간과 연료 비용 증가로 기업과 소비자는 높은 물가를 떠안게 되었고, 기존의 세계 인플레이션 압력은 거세졌다. 게다가 화물 보험 보장성이 주요한 근심거리가 됐다. 해상 보험사가 홍해를 지나가는 선박에는 보험 가입을 거부하거나 미사일과 드론 공격의 위험이 커지면서 상당히 높은 추가 비용을 요구했기 때문이다. 석유, LNG, 공산품의 운송 비용 역시 치솟았고, 이후 공급망의 병목 현상과 세계 시장에서의 비용 압박이 더욱 가중되었다.

이란과 그 대리군이 국제 무역을 붕괴시키기 위해 비대칭 전쟁을 계속 활용하는 만큼 추가적인 확대 위협 가능성은 여전히 높게 남아있다.

동시에 남중국해에서 갈등이 확대되리라는 위험도 마찬가지로 국제 무역의 3분의 1을 위태롭게 만들 수 있다. 남중국해에서 중국은 인공섬을 군사화하고 해군 주둔을 늘리고 있는 만큼, 대만이나 인근 국가들과의 긴장은 직접적인 군사 대치로 급격히 발전할 수 있다.

무역로의 군사화가 진행되면서 기업과 정부에는 대체 물류 네트워크의 안정적인 확보, 예비 시스템 구축, 자국 생산 능력을 키워 고위험 요충지에 대한 노출을 완화해야 하는 시급한 과제가 대두된다.

리쇼어링, 니어쇼어링, 프렌드쇼어링: 중국의 공급망에 맞서라

중국의 세계 제조업 지배력과 관련한 지정학적 위험이 점차 늘어나면서 리쇼어링Reshoring[17]과 니어쇼어링Nearshoring[18], 프렌드쇼어링Friendshoring[19] 전략을 통해 노출을 줄이려는 노력이 더욱 가속화하고 있다.

제2차 냉전이 심화할수록 정부와 다국적 기업들은 비용 효율성을 위해 중국으로 오프쇼어링Offshoring[20] 했던 과거와는 달리 공급망 안보와 경제 회복력 그리고 국가 안보의 우려를 우선적으로 고려한다.

많은 다국적 기업, 특히 경제 발전과 방위 산업에 중요한 군민 양용 기술에 관여하는 기업은 지정학적으로 더 안정적인 지역으로 생산을 이전하면서 공급망을 축소하고 있다. 이러한 변화는 반도체, 의약품,

---

17 리쇼어링 해외에 진출했던 기업이 본국으로 돌아오는 것.
18 니어쇼어링 기업이 인근 국가로 생산 시설을 이전하는 것.
19 프렌드쇼어링 기업이 일부 업무를 비교적 인건비가 저렴한 우호국이나 동맹국으로 이전하는 것.
20 오프쇼어링 생산비와 인건비 절감을 위해 일부 업무를 해외로 이전하는 것.

방위 산업, 첨단 제조 부품 등 공급망 안보가 국가 안보의 우선순위가 되는 산업에서 특히나 두드러진다.

가장 중요한 흐름 가운데 하나는 리쇼어링이다. 리쇼어링이란 전략적으로 중요한 고부가 가치 제조업을 미국과 동맹국으로 재이전하는 것이다. 이는 민감한 기술과 핵심 산업들이 중국과의 지정학적 긴장에서 비롯되는 공급망 붕괴로부터 보호받을 수 있게 보장해 준다. 리쇼어링의 압력은 특히 반도체와 의약품, 방위 산업 그리고 첨단 제조업에서 강하게 나타난다. 모두가 높은 수준의 품질 관리와 보안 그리고 정부의 관리를 요구하는 것들이다.

동시에 니어쇼어링도 탄력을 받고 있다. 제조업은 미국과의 근접성을 유지하면서도 아시아 의존도를 낮추기 위해 멕시코와 캐나다, 라틴 아메리카로 생산 거점을 옮겨갔다. 이러한 변화는 특히 자동차 제조, 전자 제품 조립, 산업 설비 제작에서 눈에 띈다. 이 분야에서는 물류 효율성과 공급망 회복력이 역사적으로 중국 기반의 제조업과 연계된 마진 비용 절감보다 더 중요해졌기 때문이다.

마찬가지로 프렌드쇼어링은 노동과 자원, 산업 역량에 안정적으로 접근하면서도 중국이 통제하는 공급망에 대한 의존도를 줄이기 위한 핵심 전략으로 대두되고 있다. 이 접근법을 통해 인도와 베트남, 인도네시아, 기타 동맹국과 제조업 파트너십은 더욱 공고해진다. 또한 기업들은 정치적으로 안정적인 환경에서 생산의 비용 효율성을 높여 이익을 얻는 한편, 위험을 분산할 수 있다.

리쇼어링과 니어쇼어링, 프렌드쇼어링을 통해 세계적인 공급망을 재편하면서, 기업들은 중국의 경제적 수단에 대한 노출을 적극적으로 줄이고 있다. 그러면서 이 운영 방식이 제2차 냉전에서 오는 잠재적인 무역 갈등, 제재, 공급망 붕괴에도 회복력을 유지하도록 보장한다.

이러한 변화는 세계 무역에서 근본적인 변화를 만들어내면서, 전통적인 비용 주도적 오프쇼어링 모델보다는 국가 안보가 주도하는 공급망 전략의 중요성을 강조한다.

AI와 양자 컴퓨팅, 첨단 로봇 기술, 사이버 보안 인프라 같은 군민 양용 기술은 제2차 냉전 시대의 경제적·군사적 경쟁의 중심이 된다. 이런 기술들을 중국의 공급망으로부터 독립적으로 개발하고 제작하고 배치하는 능력은 국가 안보와 경제 회복에 중점이 될 것이다. 핵심 부품과 소재를 적대국에 의존하는 위험은 미국과 동맹국이 이런 첨단 기술 제품의 생산을 확보하고 통제하려는 단호한 조치를 내리게 한다.

이러한 변화를 가속화하기 위해 미국 정부는 핵심 산업을 리쇼어링하려는 기업에 적극적으로 금융 인센티브를 제공하고 있다. 그 가운데 미국 내 반도체 생산을 지원하는 칩스CHIPS, Creating Helpful Incentives to Produce Semiconductors법[21] 제정은 가장 주목할 만하다. AI와 방어 체계 그리고 첨단 컴퓨터에서 반도체가 수행하는 결정적인 역할을 고려하면, 미국 내 생산 능력 확보가 기술과 군사적 우위를 유지하는 데 필수적이다.

리쇼어링 노력에 더해 미국은 첨단 기술의 대對중국 수출을 엄격하게 통제하면서 중국이 AI와 양자 컴퓨팅, 반도체 제작에 필요한 핵심적인 혁신 기술에 접근하고 개발하는 데 제한을 두고 있다. 미국은 핵심 기술이 중국으로 흘러가는 것을 막음으로써 중국의 군사·경제 발전을 둔화하는 한편 서방 국가가 전략 자산을 통제하도록 적극적으로 노력하고 있다.

이 전략의 또 다른 핵심 요소는 미국 내 희토류 가공과 리튬 추출에 투자해서 에너지 자립을 강화하는 것이다. 중국이 배터리 생산과 전기차, 하이테크 방어 응용 기술에 필수적인 희토류 제련을 거의 독점하다시피 하는 만큼 중국이 통제하는 공급망에 대한 의존도를 낮추는 방안이 시급하다. 정책 입안자는 미국과 동맹국의 대체 자원을 개발하는 방식으로 공급망의 취약성을 낮추고, 적대국이 무역 의존도를 지정학적 무기로 사용하지 못하도록 막으려 한다.

---

21 칩스법 미국 바이든 행정부의 대표적인 산업 정책으로 반도체 생산에 유용한 인센티브 지원법.

이러한 노력은 핵심적인 공급망을 안정적으로 확보하고, 경제적 독립성을 높이며, 미국과 동맹국의 장기적인 기술 리더십을 보호할 수 있어야 한다. 제2차 냉전이 격화될수록, 군민 양용 기술과 이를 위한 자원들에 대한 통제가 세계적으로 경제적·군사적 우위를 결정짓는 중대한 요소가 될 것이다.

독점 자원 의존도
줄이기가 급선무

제2차 냉전에서 얻은 중요한 교훈은 독점 자원 의존성을 낮추는 것이 절실하다는 사실이다. 반도체와 의약품, 희토류, 방위 산업 같은 전략 산업에서 특히 그렇다. 핵심 산업에서 한 국가나 공급사에만 지나치게 의존하는 것은 지정학적 긴장이 높아지는 시기에 악용될 수 있는 체계적 취약성을 드러낸다. 코로나19 바이러스 팬데믹으로 인해 의료 공급망이 불안정해졌을 때 그리고 2022년 러시아에 대한 서구의 제재가 세계 원자재 시장과 무역의 흐름을 무너뜨렸을 때 이런 위험들이 드러났다.

이 위험들을 경감하기 위해 기업과 정부는 적극적으로 공급망을 다각화하고 국내 생산 능력을 키워야 한다. 미국은 칩스법 같은 장려책을 통해 국내 생산 설비를 확장하는 기업에 인센티브를 제공하고 있다. 그 덕에 반도체 공급망은 잠재적인 지정학적 혼란에서 회복력을 유지하고 있다. 이에 더해 다국적 기업들은 멀티 소싱 전략을 채택해서, 대체 불가능한 단 하나의 판매자나 공장, 국가가 공급망 상에서 병목 현상을 일으키는 일이 없도록 하고 있다.

프렌드쇼어링과 니어쇼어링으로의 전환은 앞으로도 독점 자원의 위험을 감소시킬 것이다. 기업들은 핵심 생산시설을 멕시코, 인도, 베트남 그리고 다른 안정적인 미국의 동맹국으로 이전하고 있다. 그러나 이러한 변화에는 시간이 필요하며, 그 사이 중국의 생산에 지나치게 의존하고 있는 산업은 여전히 제2차 냉전의 확대 위험에 매우 취약한 상태로 남아있을 것이다.

중국과 대만의 물리적 충돌의 위험

제2차 냉전에서 공급망이 겪을 가장 큰 위협은 중국이 대만과 물리적으로 충돌을 일으킬 수 있다는 점이다. 중국의 침공이나 대만 봉쇄는 인도-태평양을 군사적으로 불안하게 만들 뿐 아니라 경제에 즉각적이고 파괴적인 충격을 안길 수 있다. 중국이 자아낼 파급 효과로 러시아의 우크라이나 침략 이후 이어진 공급망 붕괴는 대수롭지 않은 일로 보일 수 있다. 중국은 러시아보다 세계적인 무역과 제조업에 훨씬 더 밀접하게 관여하고 있기 때문이다.

미국과 동맹국이 러시아에 그랬듯 중국의 대만 공격에도 심각한 경제 제재로 대응한다면, 세계적인 공급망에는 재앙과도 같은 영향을 미치게 될 것이다. 전자 제품과 자동차 부품, 의약품, 의료품, 소비재 등 중국 공장에 의존해 왔던 기업들은 즉각적인 공급 중단에 직면할 수 있다. 러시아의 에너지, 금속, 산업 수출이 우크라이나 침공 이후 어떻게 서구 시장을 얼어붙게 했는지와 비슷하다.

가장 심각한 결과는 반도체 생산의 중단일 것이다. 대만이 전 세계 반도체의 60% 이상 그리고 최첨단 반도체의 90% 이상을 생산하고 있기 때문이다. 반도체 수급이 어려워진다면 자동차부터 우주 그리고 전자 제품에 이르기까지 여러 산업이 멈출 수밖에 없고, 2021년과 2022년의 반도체 부족 사태보다 더 심각한 공급망 위기에 처하게 될 것이다. 게다가 러시아와 동일한 제재가 들어간다면, 중국과의 금융 관계가 단절되면서 무역의 흐름을 방해하고, 자산을 동결하며 여러 시장에서 금융 불안정을 촉발시킬 것이다. 이는 미국을 기반으로 한 여러 연금 기금과 기관 투자자, 소매 투자자, 중국에 자산을 가지고 있는 기업에 피해를 입힐 수 있다.

기업과 정책 입안자는 그런 갈등이 폭발하기 전에 중국에서 벗어나 공급망을 공격적으로 다각화하며 이런 최악의 시나리오에 대비해야 한다. 이를테면 미국에서 반도체 생산을 가속화하고 일본과 한국, 유럽으로 반도체 생산 동맹을 확장해 주요 제조에 투입할 대체 공급원을 확보하는 일이다. 제2차 냉전이 대만 해협에서 직접적인 충돌로 확대된다면 공급망 붕괴로 치명적인 위험을 초래할 것이다. 이 위험성은 기업이 앞서 설명한 변화에 주저할수록 커진다.

전략적 적응과
안보 우선주의

제2차 냉전은 세계 공급망이 근본적으로 구조 조정을 할 수밖에 없게 만들고, 회복력과 안보, 독립성을 비용 효율성보다 우선시하게 한다. 미국과 동맹국은 적대 세력의 조작과 경제적 강압, 기술 혁신에 맞서 공급망을 안정시킬 선제적인 방법을 찾아야 한다.

제2차 냉전에서 공급망의 회복력은 대체 무역 항로를 확보하고, 소싱 지역을 다각화하며, 제조업이 지정학적으로 안전한 지역에 남아 있도록 확인하는 데 달렸다.

지정학적 긴장과 무역 규제, 군사화된 운송로 그리고 권위주의 국가의 경제적 강압 등이 만들어내는 위험들로 인해 기업과 정부는 물류 전략과 소싱 지역 그리고 위험 경감 프레임워크를 다시금 생각해

봐야 한다. 성공적으로 공급망을 재구성하고 제2차 냉전의 파괴력을 견뎌내는 기업들은 미래에 괄목할 성장을 이룰 수 있을 것이다.

제2차 냉전은 세계적인 공급망에 유의미한 위험을 안기는가 하면, 미국의 동맹국과 비동맹국이 투자를 유치하고 세계적인 무역의 흐름을 유리하게 재편성하도록 기회를 마련해준다.

기업과 정부가 중국과 러시아, 기타 적대국들에 대한 의존성을 줄이려고 노력하는 동안, 새로운 생산과 소싱 허브들이 동남아시아와 라틴 아메리카 그리고 아프리카와 중동의 전략 요충지에서 등장하고 있다. 인도와 멕시코, 아랍에미리트 같은 국가들은 자국을 믿음직한 제조 및 물류 중심지로 내세우며, 리쇼어링과 니어쇼어링, 프렌드쇼어링 계획이 주는 혜택을 누리고 있다.

이 국가들은 다국적 기업들이 더 안정적이고 비용효율적인 대안을 찾으면서도 여전히 서구 중심적인 경제 프레임워크에 머물고 싶어하는 만큼 외국인 직접투자를 유치하고 있다.

또한 전 세계 공급망의 재조정은 캐나다, 노르웨이, 호주 같은 에너지 수출 동맹국에 기회를 안겨준다. 이들 국가는 유럽과 아시아의 동맹국에 LNG를 공급하는 역할을 확대하고 있다.

광물 수출 동맹국과 비동맹국 역시 제2차 냉전의 공급망 재조정에서 상당한 혜택을 보고 있다. 사방 국가들은 핵심 원자재를 중국이 아닌 다른 지역에서 안정적으로 공급받길 원하기 때문이다. 희토류와 리튬, 니켈, 코발트와 기타 첨단 제조업과 청정에너지의 핵심 투입물이 풍부한 국가들은 이제 투자와 전략적 파트너십의 주요 상대로 등극했다.

호주, 캐나다, 칠레, 아르헨티나, 브라질, 남아프리카 같은 국가들은 외국인 직접투자가 급증하는 현상을 경험하고 있다. 미국과 동맹국이 중국이 우위를 차지하는 광물 공급망을 다각화하려고 노력 중이기 때문이다. 한편, 인도네시아와 콩고 등의 비동맹국은 서양과 동양 강대국 모두에게서 더 유리한 무역 협정과 인프라 투자를 얻어내기 위해 풍부한 천연자원을 활용하고 있다.

이러한 변화는 이 국가들의 경제 회복력을 강화할 뿐 아니라 지정학적 수단을 보강해 준다. 기술 경쟁과 방어 태세에서 핵심 광물에 대한 접근성이 결정적인 요인이 됐기 때문이다. 이를 효과적으로 관리할 때 이런 변화를 바탕으로 자원 부국은 장기적으로 경제 개발을 추진할 수 있는 동인을 얻을 수 있고, 미국과 동맹국은 핵심 전략 산업에서의 공급망 안보를 강화할 수 있다.

적절한 정책과 무역 협정, 인프라 투자가 뒷받침될 때, 이런 변화는 분열이 가속화되는 세계 질서 속에서 장기적으로 경제 성장을 이루고, 미국 주도의 무역 동맹을 강화하며, 서구와 동맹 경제국들의 전략적 자율성을 보강할 수 있게 도와준다.

CHAP 16 무역도 전쟁이다: 관세와 봉쇄의 시대

제2차 냉전이 세계 무역 정책을 재구성하고 있다. 미국과 동맹국은 국가 안보와 경제 안보의 수단으로 관세와 무역 규제 그리고 경제 책략Statecraft을 활용한다. 관세와 통상 위협을 전략적으로 적용하는 것이 미국 경제 정책의 초석이 되었고, 이는 공급망을 안정화하고, 적대 세력의 경제적 영향에 대응하며, 군사 갈등을 억제하는 의도를 지녔다.

세계 강대국들이 더욱 격하게 대립하면서 무역은 더 이상 경제 효율성의 문제만이 아니라, 지정학적 무기이자 영향력을 발휘하는 수단 그리고 전략적 우위를 확보하는 수단이 되었다.

국제 무역의 미래는 제2차 냉전의 주요한 변화 다섯 가지로 형성될 것이다. 경제 및 국가 안보를 위해 관세가 더 광범위하게 사용되고, 세계 공급망이 재편되며, 경제적 자급자족의 압력이 커질 것이다. 또한 중국을 견제하고, 점차 군사화되는 무역 항로가 주는 위험도 커진다. 이 모든 변화는 과거에 통용되던 세계화 시대가 막을 내리고 전략적으로 파편화된 경제질서의 부상을 의미한다.

관세: 미국 경제 안보의
창과 방패

미국은 관세를 공격과 방어 수단으로 동시에 내세우고 있으며, 동맹국에 압력을 가하고 적대 세력을 억제하며 국가 안보 목적을 보강하기 위해 무역 규제를 활용하고 있다. 트럼프 행정부는 2018년 처음 이 전략을 선보였다. 철강과 알루미늄에 적용되는 '무역 확장법 232조' 상의 관세와 중국의 기술 부문을 겨냥한 '무역 확장법 301조' 상의 관세를 발동한 것이다. 처음에는 일시적인 무역 분쟁으로 받아들여졌으나, 이 관세들은 이후 미국 경제 정책의 구조적인 요소로 진화했다. 바이든 행정부가 이 방식의 대다수를 유지하고 확장하기로 결정한 사실이 이를 증명한다.

관세는 협상의 도구로 활용된다. 2025년 발표된 철강 및 알루미늄 및 광범위한 관세의 위협은 동맹국과 적대국에 똑같이 무역 양해를 요구하기 위해 활용된다. 또한 트럼프는 중국이 저지르는 환적화물을 통한 관세 회피와 상품 덤핑 등의 무역 왜곡을 바로잡기 위해 전반적인 관세 정책을 실행하겠다고 선언했다. 새로운 관세법의 위협은 무역 협상에서 꾸준한 압력으로 작용할 것이며, 무역 상대국들이 미국의 경제 안보 목표에 수긍하지 않는 경우 경제적 불이익에 직면하게 될 것임을 강조한다.

그러나 지정학적 무기로서 관세의 효과는 실행 여부와 지속성에 달렸다. 관세가 지나치게 광범위하게 적용되거나 장기간 유지될 경우, 이는 인플레이션을 상승시키고 수입 의존형 국내 산업을 붕괴시킬 위험성이 있다. 적대국의 억제와 경제적 안정성의 유지 사이에서 균형을 맞출 때, 미국의 관세 정책은 효과적으로 제2차 냉전의 무역 역학 관계를 형성할 것이다.

관세: 국제 무역 정책에서의 다모클레스의 칼

미국 관세는 이제 다모클레스의 칼[22]처럼 주요 무역 상대국들을 위협하며, 세계시장의 불확실한 분위기를 형성한다. 관세 위협을 전략적으로 사용해서 협상에 임하는 것은 미국의 경제외교에서 핵심이 된다. 제2차 냉전에서 모든 무역 협상은 서명을 마치기 전까지는 끝이 아니며, 모든 정책은 집행된 후에야 법률로 제정된다. 따라서 다국적 기업들과 투자자, 공급망 관리자들은 매우 예측 불가능한 상황에서 경영 계획을 수립해야 한다.

---

22 **다모클레스의 칼** '권력자들은 항상 견뎌야 하는 위험과 불안'을 의미하는 표현으로, 그리스 디오니소스 왕을 늘 부러워하던 신하 다모클레스는 디오니소스의 권유로 왕좌에 앉아보았다가 왕좌 바로 위에 걸린 칼을 보고 그제야 권력자가 늘 직면하는 위험과 불안을 깨닫는다.

미국의 관세 위협은 미국의 경제 안보와 국가 안보 그리고 전략적인 무역 제휴를 개선하고 발전시킬 수 있도록 양해를 구하려는 목적을 지녔다. 이 정책들은 중국의 지정학적 책략에 직접적으로 대응한다. 중국은 대만에 대해 군사력을 과시하고, 브릭스를 통해 동맹국을 확대하며, '일대일로 구상'을 통해 소프트 파워를 구사하고, 상품 덤핑과 관세 회피 같은 시장 왜곡적 무역 전술을 전개하고 있다. 따라서 미국은 무역과 관세 정책을 사용해 중국을 '중국 봉쇄'의 형태로 가둔다.

관세와 무역 규제를 활용해 미국은 중국의 경제적 영향력과 균형을 맞추고 있으며, 공급망이 회복력을 유지하면서 미국의 전략적 이익에 동조하도록 한다. 미국의 이런 접근법은 효과적인 협상 도구임이 증명됐다. 또한 지금까지의 성공을 감안하면, 당분간 미국의 무역 정책을 수립하고 특히나 중대한 경제 및 국가 안보 목표를 추진하는 데 일조할 것으로 보인다.

경제적 자급자족의 필요성

공급망 붕괴와 무역 규제, 잠재적인 군사 충돌의 위험이 커지면서 미국과 동맹국은 경제적 자급자족을 최우선 순위로 삼고 있다. 경제 안보의 토대는 두 개의 버팀목으로 이뤄진다. 바로 경제력과 경제적 자급자족이다. 미국이 GDP 성장과 자본금, 세계적인 금융 시장 지배 등이 증명하듯 강력한 경제력을 누리는 동안, 산업적으로 자급자족할 수 있는 역량은 여전히 우려스러운 수준이다.

중국은 산업 보조금과 상품 덤핑, 환율 조작 등을 통해 수십 년 동안 전 세계적인 제조원가보다 낮은 원가를 유지해 왔고, 그로 인해 미국과 유럽의 제조업자들은 핵심 산업에서 밀려날 수밖에 없었다. 그 결과 희토류와 의료용품, 군민 양용 기술을 포함한 필수재가 위험할 정도로 적대국에 의존하게 됐다.

여기에 대응하기 위해 미국은 무역 규제와 전략적 투자 그리고 국내 생산 능력을 재구축하려는 산업 정책을 도입했다. 여기에는 희토류 채굴을 확대하고, 철강과 알루미늄 생산을 강화하며, 핵심 제조 소재의 안정적인 공급을 확보하는 등의 정책이 포함된다. 목표는 미국이 장기적인 지정학적 또는 군사적 대립 속에서 경제적으로나 군사적으로 자립할 수 있는 능력을 보호하는 것이다.

대만과의 갈등에서 중국의 무역 고립이 초래할 위험

제2차 냉전에서 무역과 관련해 가장 중대한 위험은 바로 중국이 대만과 물리적 충돌을 겪으면서 경제적으로 고립될 가능성이다.

중국이 대만을 침공하거나 봉쇄할 때, 전 세계는 강한 경제 제재로 여기에 대응할 가능성이 크다. 러시아가 우크라이나를 침공한 후 무역 차단을 당한 것과 아주 흡사하다.

이런 재앙에 가까운 시나리오를 피하기 위해 기업들은 중국에서 빠르게 빠져나오고 있으며, 대체 생산 허브에 투자하고 있다. 또한 비동맹국과 무역 파트너십을 강화하고 대체 기술 공급사를 확보하고 있다. 대만과의 갈등이 중국의 무역 고립으로 이어질 때, 이미 공급망을 다각화한 기업들은 훨씬 유리한 위치에서 경제적인 폭풍을 무사히 견뎌낼 수 있을 것이다.

무역 항로의 군사화와 범세계적 운송 위험

운송로의 무기화는 제2차 냉전을 결정짓는 또 하나의 특징으로, 무역 항로가 군사화되고 운송 안보가 경제 및 국가 안보의 문제가 됐기 때문이다. 2024년 후티가 홍해 선박을 공격하자 세계적인 무역의 흐름이 붕괴됐고, 기업들은 수에즈 운하를 피해서 화물의 경로를 재설정해야 했다.

이런 공격은 남중국해의 긴장 고조와 함께 글로벌 기업의 운송비와 화물보험 할증료 그리고 물류 위험을 확연히 높인다.

이에 대응해 서방 국가들은 해상 안보 작전과 대체 운송 통로 그리고 안전한 교통로를 우선시하는 새로운 무역 협정 등에 투자하고 있다. 또한 기업들은 공급망을 이중으로 구축하면서, 군사적인 긴장이 더 올라갈 경우 고위험 지역으로부터 방향을 틀 수 있도록 보장한다.

제2차 냉전에서 무역의 미래는 기업과 정부들이 얼마나 효과적으로 군사화된 무역 항로의 위험을 줄이고 중대한 상품과 자원의 계속적인 흐름을 유지하느냐에 달렸다.

무역과 경제 정책의 새로운 시대

세계적인 무역체제는 역사적으로 중요한 변화를 겪고 있다. 그리고 관세의 정치적 실용주의Realpolitik, 공급망 재조정, 경제적 자급자족, 지정학적 무역의 위험 그리고 군사화된 운송로가 이 변화를 이끌고 있다. 무역은 더 이상 효율성과 비용 절감만의 문제가 아니다. 이제는 국가 안보와 경제적 활용, 세계적인 영향 등을 위한 전략적인 도구라 할 수 있다.

관세가 흔히 인플레이션과 관련 있다고 본다면, 관세 위험은 경제 불황과 디플레이션과 관련 있다고 볼 수 있다. 소비자의 신뢰를 약화하는 대신 경제 성장에 무게를 실어주기 때문이다. 그러나 미국의 성장이 둔화하고 인플레이션이 낮아지자 이는 저금리와 달러 약세로 이어졌다. 이 두 가지는 산업적인 기반을 구축하고 수출을 개선하며 수입을 약화하는 역할을 한다.

변수가 많고 불확실성도 매우 높은 상황에서 제2차 냉전을 헤쳐나가는 기업과 정부, 투자자들은 기민하고 전략적으로 대응하고 선제적으로 공급망을 다각화하며 복합적인 지정학적 위험에 대비해야 한다. 무역 네트워크를 성공적으로 재구성하고 대체 공급망을 확보하며 전략적인 이익을 위해 무역 정책을 이용할 줄 아는 기업과 국가들만이 새로운 세계 질서 속에서 주도적 행위자로 급부상하게 될 것이다.

CHAP 17 AI, 반도체, 로봇: 기술이 전쟁을 바꾼다

미국과 중국 사이에는 기술적인 철의 장막이 드리워 있다.
기술은 자본, 노동과 함께 경제성장을 이루는 세 가지 핵심 요소 가운데
하나다. 경제 안보에서 차지하는 기술의 중요성 때문에,
기술은 제2차 냉전의 최전선에서 경제력과 군사적 우월함 그리고
세계적인 영향력을 만들어내고 있다.

국가는 더 이상 전통적인 의미의 전쟁이나 경제적 경쟁에서 싸우지 않는다. 이들은 AI와 양자 컴퓨팅, 반도체, 로봇 공학 그리고 사이버 보안이 승자와 패자를 가르는 기술적인 무기 경쟁을 벌이고 있다.

군사적 응용과 민간의 응용이 모두 가능한 군민 양용 기술을 두고 벌어지는 전투는 세계적인 공급망이 경쟁하는 경제 블록으로 나누었다. 반면 관세 정책과 투자 제한 그리고 환적 단속은 기술 무역을 해체한다. 정부는 더 이상 국내 산업을 보호하지 않는다. 다만 전체적인 기술 생태계를 확보하고, 핵심 역량이 신뢰할 만한 국가 안에 머물면서 적대 세력의 손아귀에서 벗어나는지를 확인한다.

대분기점:
군민 양용 공급망의 분할

제2차 냉전은 근본적으로 세계적인 기술 공급망을 분할하고, 세상을 두 개의 경쟁적인 기술권으로 가른다. 미국과 동맹국들은 중국, 러시아, 이란, 북한 및 이들의 경제 파트너들이 이러한 기술을 발전시키지 못하도록 막으면서도 반도체, 양자 컴퓨팅, AI 및 방위 관련 기술에 대한 접근성을 확보하기 위해 적극적으로 노력하고 있다.

이러한 갈림은 2018년 가속화됐다. 트럼프 행정부는 중국으로부터의 기술이전을 노린 무역확장법 301조를 도입했고, 그로부터 기술 규제의 급물살이 시작됐다. 바이든 행정부는 이런 방식을 지속적으로 확대해 갔으며, 2023년 8월 미국 자본이 중국의 AI와 반도체, 양자 컴퓨팅의 발전으로 흘러가지 않게 막는 투자 제한으로 마무리됐다.

이에 대응해서 중국은 국가가 후원하는 산업 정책을 밀어붙이면서, 국내 반도체 생산과 AI 연구, 로봇 공학 개발에 수십억 달러를 투자하는 한편 '일대일로 구상'을 통해 대체 공급망을 확보하고 있다. 그러나 중국의 야심은 커다란 장애물에 부딪힌 상태다. 미국 주도의 규제 조치들이 핵심 반도체 생산 설비와 AI 칩 그리고 양자 연구 파트너십에 대한 접근을 막아버렸기 때문이다.

그 결과, 공급망은 신뢰성 네트워크와 비신뢰성 네트워크로 분할된다. 서구 기업들은 점차 생산을 일본, 한국, 인도 같은 동맹국으로 옮겨가고 있다. 반면에 중국은 러시아, 이란, 그 외에 경제 제재를 받고 있는 경제국들과 더 심층적인 기술 파트너십을 맺으면서, 서구 혁신으로부터 점차 고립되어 가는 대체 기술 생태계를 만들어가고 있다. 〈월스트리트 저널〉에서 '회피의 축The Axis of Evasion'이라고 교묘하게 이름 붙인 집단이다.

세계화 시대는 막을 내렸고, 최근 탈세계화가 가속화되고 있다. IMF에 따르면, 지난 10년 동안 전 세계적으로 무역 규제가 열 배 증가했다. [그림 17-1]을 참고하자. 더군다나 탈세계화는 이제 시작일 뿐이다. 향후 수개월, 수년 동안 특히나 미국과 중국 간에 추가적인 무역 규제가 발생할 가능성이 높다.

텍사스 비즈니스 리더십 협의회TBLC, Texas Business Leadership Council는 비즈니스 라운드 테이블Business Round Table 23의 텍사스 지부로, CEO들로 구성된 초당파적인 모임이 노동력 개발, 인프라, 교육, 무역 같은 중대한 쟁점에 관해 양당의 정책 입안자에게 자문해 준다. TBLC 집행 위원회의 일원이자 연방 쟁점 태스크 포스Federal Issues Task Force의 회장으로서 나는 이 논의에 깊이 관여해 왔다.

---

23 **비즈니스 라운드 테이블** 미국 200대 기업의 CEO로 구성된 비영리 로비스트 단체로, 미국에서 가장 영향력이 큰 단체로 꼽힌다.

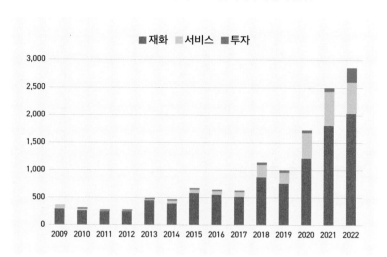

[그림 17-1] **무역 규제의 폭발적인 증가**

20세기에는 대부분 감소 추세를 보였으나, 최근 들어 무역 규제는
폭발적으로 늘어나고 있다. (연도별 세계 무역 규제 건수)

[출처: 글로벌 트레이드 알러트(Global Trade Alert), IMF 연구원 추정]

 2022년 당시 나는 TBLC와 함께 일련의 고위급 회담에 참석하기
위해 워싱턴 D.C.로 출장을 갔다. 비즈니스 라운드 테이블의 수석 무
역 전문가와 회의하던 도중, 우리 단체의 한 CEO가 중국과 관련한 무
역 위험에 대한 우려를 제시했다. 그녀는 자기 회사가 중국에서 생산
하는 특정 부품에 의존하고 있다고 설명하면서, 잠재적인 위험에 관
해 물었다. 무역 전문가의 대답은 직설적이면서 노골적이었다. "다른
나라에서 그 부품을 가져올 수 있나요?" CEO가 그럴 수 없다고 인정
하자, 전문가는 이렇게 대꾸했다. "그러면 할 수 없죠. 다른 어딘가에

서 그 부품을 구하세요."

이 대화는 참혹한 현실을 강조한다. 기업은 지정학적이고 경제적인 불확실성이 높아지는 시대에 공급망을 다각화하는 선제적 조처를 해야 한다는 것이다. 2022년 이후로 이런 식의 위험은 모든 제조업과 서비스 산업에서 더욱 두드러졌을 뿐이다.

환적과 기술 회피의
강력 단속

제2차 냉전에서 가장 큰 공급망이자 무역의 과제는 바로 중국이 캐나다와 멕시코 그리고 다른 국가로 옮겨 싣고 중국의 수출품에 대한 미국의 관세를 회피한다는 점이다. 이 관세 회피 또는 탈세를 멈추기 위한 시도는 그리 효과적이지 못했다.

중국 기업들은 제한된 상품들을 제3국을 통해 보내왔다. 가끔은 미국과 EU의 무역 규제를 빙 둘러 가기 위해 제품을 리브랜딩하기도 한다. 여기에 맞서기 위해 미국은 적극적인 환적 단속에 나섰고, 동남아시아와 라틴 아메리카, 중동을 통해 움직이는 화물들에 대한 통제를 강화했다. 또한 관세와 무역 규제에 대한 미국의 지정학적인 압력이 캐나다와 멕시코에 적용되고 있다. 중국의 환적 위반 건수를 줄이는 것을 포함해 미국의 국가 안보와 경제 안보 목표를 달성하기 위해서다.

중국 환적화물에 대한 미국의 단속이 중요하긴 하나, 최근 시행되는 무역 규제의 유일한 사례는 아닌 것이 확실하다.

양자 컴퓨팅:
사이버 보안의 차세대 위협

AI와 반도체가 제2차 냉전의 현재를 구성하고 있다면, 양자 컴퓨팅은 미래를 결정할 것이다. 양자 우위는 더 이상 컴퓨터 능력의 문제가 아니다. 중요한 것은 사이버 보안과 정보 지배 그리고 암호 우위다. 이 위험들은 한동안 조짐을 보여왔고, 나는 2018년도의 저서『퀀텀』에서 여기에 초점을 맞췄다.

미국은 최근 선두적인 양자 연구와 기술을 선보이고 있으나, 중국은 양자 복호화Quantum Decryption 역량에 대대적으로 투자하며, 서구의 암호화 프로토콜을 파헤치고, 기밀 커뮤니케이션과 금융 거래, 군사정보에 유례없는 접근권을 획득하려고 노리고 있다. 게다가 양자 기술에 있어 중국이 보유한 특허권의 압도적인 양은 수년간 미국의 양자 특허권을 크게 앞질러 왔다.

중국이 미국보다 먼저 양자 우위를 달성한다면, 현대의 사이버 보안을 한물간 방식으로 만들어버리고 세계적인 금융 네트워크와 정부 기밀 그리고 AI 주도 방위 체계를 해킹 위험에 노출시킬 수 있다.

미국은 이러한 위험을 인지하면서 엄격한 양자 기술 통제를 시행하고 있으며, 양자 프로세서와 관련 연구가 중국으로 수출되지 않도록 방지하고 있다. 한편, 서구의 정보기관들은 양자 저항성 암호를 개발하는 데 참여하고 있으며, 미래의 혁신에 맞서 시스템을 안전하게 지키기 위해 경쟁하고 있다.

양자 컴퓨팅은 단순히 또 하나의 기술 발전이 아니라, 세계적으로 사이버 지배를 결정하기 위한 싸움이다. 양자 컴퓨팅을 통제하는 자는 누구든 세상에서 가장 민감한 데이터를 통제하게 될 것이다. 그러므로 양자 컴퓨팅은 제2차 냉전에서 가장 중대한 전선 가운데 하나가 된다.

공급망 안보와 상품 출처를 위한 블록체인

공급망이 지정학적 전장이 되어가면서, 필수적인 상품의 진정성과 보안을 확보하는 것이 국가 안보의 우선순위가 됐다. 블록체인은 민감한 기술과 원자재 그리고 군수품의 출처를 추적할 수 있는 핵심 도구로 부상하고 있다.

미국과 동맹국은 블록체인 기반 추적 체계를 효율적으로 사용하기 시작했으며, 여기에 다음과 같은 용도를 추가했다.

- 반도체와 산업용 부품, 희토류의 원산지를 확인해 신뢰할 만한 공급사가 제공한 것임을 보증한다.
- 위조품이나 조작품이 군사 인프라나 핵심 인프라 공급망에 진입하는 것을 방지한다.
- 기술 반출을 변조 불가능하게 기록함으로써 무역을 더 엄격하게 집행하고, 무역 위반행위를 더 쉽게 감지한다.

이러한 용도는 중국이 세계시장에 위조 마이크로칩과 핵심 소재를 쏟아내면서, 손상된 부품으로 공급망에 침투하려고 시도하고 있는 만큼 특히나 중요하다. 공급망의 건전성을 입증하기 위해 블록체인을 이용함으로써, 미국은 오직 확실하고 믿을 만한 상품만이 방위 산업체와 기술기업, 에너지 공급회사에 도달하도록 보장하고 있다.

마이크로프로세서·AI 칩 전투

제2차 냉전에서 기술로 인해 생겨나는 다툼의 핵심은 반도체다. 마이크로프로세서는 AI와 방어 체계, 양자 컴퓨팅 그리고 산업 자동화의 생명선이다. 미국과 동맹국은 현재 첨단 칩 제조를 장악하고 있으며, 여기에 대만의 TSMC와 한국의 삼성이 세계에서 가장 발전한 프로세서를 생산하고 있다.

그러나 이 우월함은 쉽사리 무너질 수 있다. 대만은 중국의 침공에 취약한 상태고, TSMC의 생산을 방해하는 요소는 무엇이든 세계적인 기술 공급망에 심각한 손상을 줄 수 있다. 미국은 이러한 위험을 인지한 상태에서 반도체의 리쇼어링을 추진하고, 칩스법에 따라 애리조나주와 텍사스주, 오하이오주에 새로운 칩 제조공장을 세우려고 수십억 달러를 투자하고 있다.

동시에, 바이든 행정부는 규제를 통해 중국의 기술적인 야망에 심각한 타격을 입히고, AI 개발에 필요한 하이 퍼포먼스 GPU로 접근하지 못하게 차단해 버렸다. 이 규제는 트럼프 행정부 2기 아래서 더욱 심해질 것으로 보이며, 중국은 사실상 완전히 독립적으로 반도체 산업을 일굴 수밖에 없을 것이다. 이 작업은 10년 이상 걸릴 것으로 예상된다.

반도체 전쟁은 누가 AI와 양자 컴퓨팅 그리고 첨단 군사 기술을 통제할 것인지를 결정할 것이며, 마이크로프로세서 생산을 장악하고 있는 국가가 세계 경제와 군사력을 좌지우지하게 될 것이다.

반도체의 중요성은 대만을 지배하려는 중국의 지정학적 야망을 뒷받침하는 핵심적인 요소다. 그리고 미국과 다른 경제국들이 왜 그토록 불안해하는지를 설명해 준다. 또한 중국이 대만을 노골적으로 침략하기보다는 봉쇄나 금수 조치를 내릴 가능성이 더 큰지를 보여준다.

로봇 공학과
자동화 체계의 미래

전쟁과 제조업, 물류의 미래는 점차 로봇과 AI, 자동화 체계로부터 더 많은 영향을 받게 될 것이다. 노동력이 부족하고 국가 안보에 대한 우려가 커질수록, 미국은 군사용 드론, 자동화된 방어 체계 그리고 로봇 제조에 대대적으로 투자하면서 중국을 누르고 전략적인 이점을 누리려 한다.

동시에, 미국은 중국산 항만 크레인과 산업용 로봇을 엄격하게 규제하고 있다. 중국산 자동화 체계는 감시나 사이버 공격으로 인해 위태로울 수 있다고 인식하고 있기 때문이다. 국내 로봇생산에 대한 압력은 제2차 냉전에서 미국의 산업 전략을 구성하는 중요한 버팀목이다.

미국의 노동시장은 경직되어 있으며, 특히나 신체적 부담이 큰 대면 직업은 더욱 그렇다. 이러한 노동 역학 관계는 노동력의 생산성을 높일 수단인 자동화 체계와 AI, 로봇의 중요성을 크게 키울 것이다.

2025년 1월 현재 미국에는 462,000개의 제조업 일자리가 존재한다. 중국에서 미국으로 제조업의 리쇼어링에 성공하기 위해서는 생산직 노동자가 상대적으로 부족한 고질적인 미국의 상황을 관리하고 개선할 필요가 있다.

제2차 냉전의 기술 무기 경쟁

기술은 더 이상 경제적 자산이 아니다. 기술은 제2차 냉전에서 군사력과 경제력의 기반이다. 군민 양용 기술 규제와 환적 단속부터 양자 컴퓨팅 위협과 블록체인 보안, 반도체 전쟁에 이르기까지 기술우위를 차지하기 위한 전쟁이 향후 몇십 년을 결정할 것이다.

공급망을 보호하고, 핵심 기술 부문을 지배하며, 적대 세력의 접근을 엄격하게 통제하는 국가는 제2차 냉전의 진정한 승자로 자리매김

할 것이다. 이는 단순히 경쟁이 아니라, 경제 전쟁과 디지털 갈등의 시대에 생존을 위한 싸움이다.

CHAP 18 기후와 지정학이 충돌하는 순간

지속 가능성은 여러 산업 전반에서 중요한 우위를 차지하고 있다.
그러나 제2차 냉전에서 그린 에너지 전환은 지정학적으로나 경제적으로
새로운 역풍을 맞고 있다.

신재생 에너지와 탈탄소화 그리고 전기차 채택에 대한 압력은 계속
이어지고 있으나, 공급망 붕괴와 비용 상승 그리고 중국으로부터의
전략적 탈동조화로 인해 그 진행 속도는 상당히 늦춰질 것이다. 그리
고 지속 가능성 계획을 실행하기 위한 비용은 증가할 것이다.

트럼프 행정부가 바이든 정부의 지속 가능성 정책을 일부 포기했다
하더라도, 지속 가능성 계획을 끌어가는 추진력은 쉽게 사그라지지
않을 것이다. 기업의 지속 가능성 프로그램, 투자자 주도의 환경·사
회·지배구조ESG, Environmental·Social and Governance [24] 압력 그리고 기후

24 **EGS** 기업에서 지속 가능성을 달성하기 위한 세 가지 요소를 의미한다.

위험 경감을 요구하는 보험산업 등은 기업과 경제적 의사결정에서 지속 가능성을 전면에 내세운다. 연방 수준의 규제가 불확실하다 해서 금융 기관과 주 정부, 세계적인 무역 파트너들이 가하는 압력은 사라지지 않을 것이다.

그러나 제2차 냉전은 근본적으로 지속 가능성의 지형을 바꿔놓고 있다. 공급망의 탈동조화와 중복적인 생산시설 그리고 중국과의 지정학적 긴장으로 인해 운송비용이 높아지고 인프라 투자액은 커진다. 그리고 재가공 보급망과 연계된 이산화탄소 배출이 늘어난다. 지속 가능성의 장기적인 목표는 그대로 유지되는 반면, 앞으로 이를 달성하기 위한 비용과 실현 가능성은 제2차 냉전의 경제와 무역 역학 관계로부터 영향을 받을 것이다.

지속 가능성과
공급망 붕괴의 비용 증가

그린 에너지 전환은 세계적인 공급망에 의존하고 있으며, 특히나 중국은 태양광 패널 생산과 풍력 발전용 터빈의 부품, 전기차 배터리 소재 등을 장악하고 있다. 그러나 제2차 냉전이 치열해지면서, 미국과 동맹국은 중국으로부터 공급망과 투자를 분리해 내려고 공격적으로 움직이고 있다. 그러면서 기술 양도를 규제하고, 중국 신재생 에너지

에의 투자를 제한하며, 중국의 그린 기술 수출에 새로운 무역 장벽을 적용하고 있다.

이러한 정책은 에너지 안보를 개선하고, 적대국에 대한 의존도를 줄이며, 국내 산업을 보호하려는 목적을 지닌다. 하지만 여기에는 대가가 따른다. 공급망을 이중으로 설정하고, 제조업을 리쇼어링하며, 대체 공급사로 옮겨가는 것은 새로운 인프라 구축과 관련해 비용과 연료 소비 그리고 탄소 배출 등을 늘릴 것이다. 이것이 지속 가능성의 역설이다. 이런 방법들이 장기적인 신재생 에너지 독립을 확보하기 위함일지라도, 공급망 재조정을 확보하기 위해서는 초창기 탄소 배출량과 에너지 소비가 더 높을 수밖에 없다.

또한 대만을 둘러싼 미국과 중국 간의 무력 충돌 위험은 재생 에너지 전환에 필수적인 리튬, 코발트, 니켈, 희토류 광물과 같은 핵심 소재의 공급망을 단절시킬 수 있다. 무역 규제가 심해지거나 중국이 미국의 제재나 관세에 보복하기 위해 광물들의 수출을 제한한다면, 신재생 에너지 프로젝트와 전기차 생산은 원자재 부족으로 인해 심각할 정도로 더뎌질 것이다.

지정학적 위험 외에도, 신재생 에너지와 배터리 소재에 대한 수요가 급증하면서 이미 원자재 가격은 상승하고 있다. 리튬의 부족과 희토류의 가격 상승 그리고 배터리 생산에서의 공급망 병목 현상은 이미 여러 전기차와 태양에너지 프로젝트에서 지연과 비용 초과의 문제를 일으켰다. 이런 쟁점들은 미국과 동맹국이 비용 효율성보다 에너지 안보를 우선시하면서도 저비용의 중국산 그린 에너지 부품의 사용을 제한하면서 더욱 심각해지고 있다.

미국과 세계 이해당사자들의 지속 가능성 정책

지정학적 압력에도 불구하고 지속 가능성은 기업과 투자자, 금융 시장에서 주요한 우선순위로 남아 있다. 트럼프 행정부가 일부 기후 정책을 포기하더라도 더 광범위한 경제와 금융의 지형은 여전히 더 큰 지속 가능성의 집행을 향해 움직이고 있다. 기관 투자자들과 주주 행동주의자들은 탄소 배출 감소와 지속 가능성 보고, ESG 규정 준수 등을 계속 요구한다. 신용 등급 기관과 보험사들은 기후 위기 매트릭스를 투자와 대출 결정에 통합시키고 있다. 이는 기업들이 아무리 연방 정책이 바뀌어도 지속 가능성을 무시할 수 없다는 의미다.

게다가 EU와 캐나다, 일본을 포함해 세계적인 무역 파트너들은 탄소세와 배출 목표, 공급망 지속 가능성 요구조건 등을 더 엄격하게 강요하고 있다. 이 정책에 따르지 않는 기업들은 무역 장벽, 더 높은 규제 비용, 또는 국제시장으로의 접근 제한 등을 경험할 수도 있다.

OECD와 다른 국제기구들은 탄소 배출 보고 요건을 늘리고 있으며, 더 나아가 지속 가능성을 세계 무역 규제에 포함하고 있다. 정치적으로 분열된 미국의 정책 환경에서조차 기업들은 경쟁력을 유지하기 위해 이런 국제적인 압력과 금융 시장의 기대감을 파악해야 한다.

제2차 냉전 시대의
신재생 에너지와 전력 안보

신재생 에너지의 수요는 단순히 탄소 배출 감소의 문제만은 아니다. 이는 국가 안보의 문제이기도 하다. 전력은 특히 AI와 데이터 센터, 디지털 인프라의 등장과 함께 전략적인 자원이 됐다. AI 주도 산업과 반도체 공장 그리고 첨단 제조업에서 전력 필요량이 늘어나면서 청정에너지에 엄청난 투자를 하게 될 것이다.

그러나 공급망 붕괴와 더불어 기업과 정부들은 바람과 태양을 넘어선 에너지 안보 해결책을 찾아볼 수도 있다. 또한 안정적이고 탄소 배출이 적은 기초 전력을 확보하기 위해 국내 핵에너지 프로그램을 확대하고, 신재생 에너지의 간헐성을 보완할 수 있는 배터리 용량 기술에 투자해야 한다.

또한 우리는 기업이 오프 그리드Off-grid[25] 및 BTM^Behind-the-

---

25 **오프 그리드** 외부로부터 전기나 가스 등의 에너지를 공급받지 않고 직접 생산하는 방식.

Meter26 발전기를 설치하는 것을 더 많이 보게 될 것이다. 전력 불안정성의 위험 속에서 에너지 신뢰성을 확보하기 위한 온사이트 태양광 설치, 풍력 발전소Wind Farm 그리고 마이크로그리드Microgrid27 등이 여기에 속한다.

제2차 냉전이 자급자족을 더욱 강조하면서, 전력 생산의 탈중앙화는 더욱 심화될 것이다. 또한 기업과 산업 허브들은 외부 에너지 설비에 대한 의존성을 줄이기 위해 독립적인 신재생 에너지 생산을 우선시할 것이다.

전기차와
무공해 운송의 미래

전기와 무공해 차량에 대한 압력은 계속되지만, 공급망 붕괴로 인해 그 속도는 늦춰지고 비용은 올라갈 수 있다.

배터리 생산은 중국의 공급망에 크게 의존하고 있고, 무역 긴장이 올라가면서 리튬과 코발트, 니켈 공급사의 소싱 대안이 전기차 생산

---

26 BTM 외부 전력망으로 송전되지 않는 자체 수요용 발전.

27 마이크로그리드 특정 지역이나 시설 내에서 독립적으로 전력을 공급하는 소규모 전력망.

을 지속하는 데 필수적인 요소가 될 것이다. 일부 기업들은 중국이 통제하는 소재에 덜 의존하기 위해, 소듐 이온과 전고체 배터리 등 대체 배터리 화학 물질로 이미 변경하고 있다.

게다가 수소차는 배터리 전기 차량의 대안으로 인기를 얻고 있다. 그러나 그린 수소를 위한 인프라는 충분히 개발되지 못했고, 비용 경쟁력도 여전히 문제다. 수소 연료 기술이 성숙하기 전까지 전기차는 여전히 기업과 정부의 탄소 배출 감축 전략에서 지배적으로 중심을 차지하고 있을 것이다.

인프라 투자 역시 중요하다. 전기차 충전 네트워크와 기업 플릿Fleet 전기화가 확대되기 위해서는 막대한 자본이 필요하며, 기업들은 지속 가능성 투자 비용과 지정학적 위험 그리고 공급망 제약 가운데서 균형을 잘 잡아야 한다.

제2차 냉전과
지속 가능성의 역설

제2차 냉전과 지속 가능성의 역설은 중국으로부터 탈동조화하고 공급망을 이중화하며 생산지를 리쇼어링하는 조치가 모두 단기적으로는 탄소 배출을 늘린다는 것이다. 공급망을 중복적으로 건설하고 에너지 인프라를 확장하며 산업 역량을 새로 갖추면서, 자급자족의 장기적인 이익이 실현되기 전에 연료 소비와 원자재 채굴, 탄소 배출 등이 상당한 수준으로 필요하기 때문이다. 그러나 이러한 노력은 국가 안보와 경제 안보, 장기적인 지속 가능성 목표에 필수적이다. 중국 밖에서 독립적인 그린 에너지와 전기차 공급망을 확보하는 일은 지속 가능성이 정치적으로 파편화된 세계에서도 성공할 수 있음을 증명할 것이다.

제2차 냉전과
지속 가능성의 미래

지정학적 불확실성에도 불구하고, 미래에는 금융과 규제, 시장원리가 추구하는 지속 가능성에 더 초점을 맞추게 될 가능성이 높다. 탈탄소화 압력은 계속되겠지만, 지속 가능성을 위한 길은 공급망 재조정과 무역 규제, 에너지 안보 문제로 인해 더 복잡하고 비싸질 것이다. 기업들은 에너지 독립을 받아들이고, 공급망을 다각화하고, 대체 배터리와 신재생 기술에 투자해야 한다. 그래야만 지속 가능한 저탄소 미래에서 승자의 자리를 차지할 수 있을 것이다.

PART 3

다음
10년을 위한
생존 시나리오

다가올 미래의 불확실성은 피할 수 없다.
그러나 준비할 수는 있다. 미래를 예측하고
대응하기 위한 전략적 사고, 시나리오 설계,
조직의 생존 조건을 제시한다.

예측하는 자가
세상을 바꾼다

제2차 냉전은 단순히 지정학적 현실이 아니다. 이는 불확실성과
경제적 혼란 그리고 신속한 기술 변화가 혼재한 심각한 상황이다.
이 위험천만한 환경에서 미래학자들은 그 어느 때보다 더 가치 있는
통찰력과 지침을 제공해야 한다.

사람들은 보통 변화가 찾아오면 반응하지만, 미래학자들은 이를 예측하고 분석해 앞으로의 일에 대비하도록 한다. 분석 전문가나 컨설턴트, 전략가, 자문가로 일하면서 미래학자들은 이론과 실제 사이의 간극을 이어준다. 즉, 기업과 정책 입안자, 지도자들을 위해 다소 모호하고 불명확한 지정학적·경제적 변화를 행동으로 옮길 수 있게 명확한 통찰을 전해주는 것이다.

제2차 냉전에서 길을 찾는 일은 단순히 사건이 벌어지는 대로 반응하는 것만으로는 부족하다. 정책 입안자들이 지정학적 위험과 경제 변화 그리고 기술 혁신을 예측하기 위해서는 체계적인 시나리오가 필요하다. 미래를 대비한 대안과 다가오는 위협을 비판적으로 생각할

수 있는 능력이 경영과 금융, 국가 안보 그리고 정책 입안에서 필수적인 기술이 되고 있다. 이를 위해서는 불확실한 상황에서 미래주의적 프레임워크를 적용해야 한다. 이에 덧붙여 응용 미래학자의 시선도 필요하다.

제2차 냉전에서 응용 미래학자처럼 생각하기

응용 미래학의 핵심은 무엇이 변할지, 무엇이 그대로 유지될지 그리고 어떤 중요한 추진 요인이 제2차 냉전의 궤적을 바꿔놓을지에 대한 질문이다. 응용 미래학자들은 단일한 성과를 예측하기보다 정책 입안자들이 전 세계적인 불확실성에서 길을 찾을 수 있도록 체계적인 시나리오를 만들어내야 한다.

추진, 동인, 변화의 행위자

응용 미래학자들은 제2차 냉전을 형성할 주요 요인들을 조사한다. 여기에는 지정학적 경쟁, 에너지 안보, 무역 정책 변화, 공급망 재조정 그리고 AI와 양자 컴퓨팅, 첨단 제조업 등의 신흥 기술이 포함된다.

위험과 기회

모든 주요 변화에는 위험과 보상이 따른다. 응용 미래학자들은 산업과 경제, 국가 안보, 세계 안정을 가속하거나 파괴할 수 있는 변곡점을 분석한다.

기본 원칙 대 와일드 카드

인구통계학적 변화와 경제 사이클, 군사 억제 전략 등은 역사에 깊숙이 뿌리 내리고 있어 빠르게 변화하지는 않을 것이다. 획기적인 AI 발전과 새로운 전략동맹, 하이브리드 전쟁, 또는 '검은 백조Black Swan [28]' 같은 지정학적 이벤트 등이 급격한 변화를 가져올 것으로 예측된다.

제2차 냉전은 단 하나의 갈등이 아니다. 이는 경제와 에너지, 기술, 공급망 그리고 군사전략 전반에 펼쳐지는 역동적이고 다차원적인 투쟁이다. 응용 경제학자들의 역할은 이런 차원들을 넘나들며 고민하고 정책 입안자들이 여러 잠재적인 미래를 준비하도록 도와주는 것이다.

제2차 냉전의
틀 짜기

제2차 냉전에서 전략적인 예지력을 갖출 가장 효과적인 방법은 '거

---

[28] **검은 백조** 백조들 틈에 있는 검은 백조처럼 예측하지 못한 이례적인 사건을 의미한다.

의 지금/아마도 언젠가'의 프레임워크를 사용하는 것이다. 이러한 구분은 단기적 예측과 장기적 예측을 구분하는 데 도움이 되며 리더들이 지나치게 멀거나 또는 불확실한 가능성에 압도되지 않고 전략 구상에 몰입할 수 있도록 한다.

거의 지금Almost Now

이는 향후 10년 이내로 널리 채택되거나 강화될 가능성이 큰 새로운 추세 또는 지정학적 현실이다. 의사결정자들은 이제 이러한 변화에 대비해야 한다. 이 변화들은 즉각적이며 언제든 실현될 수 있기 때문이다.

아마도 언젠가Maybe Someday

이는 다소 추측일 수 있지만 중대한 미래의 구상으로, 향후 10년 이후의 산업과 세계 안보 그리고 경제를 재형성할 수 있다. 현재는 추상적으로 느껴지더라도 이를 무시한다면 장기적으로 손해를 보게 된다.

예를 들어 미국과 중국의 경제 기술 분야는 이미 탈동조화가 진행 중이며, 이는 '거의 지금'에 해당하는 현상이다. 양국 사이에는 사실상 기술 분야의 '철의 장막'이 형성되고 있는 셈이다. 그러나 모든 재화와 서비스 공급망이 전적으로 분리되는 세계 경제의 온전한 분기分岐는 여전히 '아마도 언젠가' 일어날 수 있는 시나리오로 남아 있다.

이 두 가지 시간대를 두고 전략적인 논의의 틀을 잡는 방법을 이해

한다면 모든 조직은 관련한 지정학적인 긴급 사안에 집중하면서도 장기적인 변화에 개방적인 태도를 유지할 수 있을 것이다.

제2차 냉전의 사상 및
전략 지도자

제2차 냉전이 세계적인 권력 구조를 재편성함에 따라, 미래학자의 역할은 더욱 중요해질 것이다. 지도자들은 높은 불확실성 속에서 잠재적인 성과에 접근하기 위해 전략적으로 미래에 개입할 것이고, 이때 그들은 수동적으로 반응하는 지도자들보다 경쟁우위에 설 수 있다.

조직과 정부는 체계적인 선견지명으로 위험을 예측하고, 다가오는 기회를 분석해 전략적인 회복력을 기를 수 있다. 지정학적 추세를 분석하고 대안적인 미래를 떠올리며 전략적인 대응 방안을 정확하게 설명할 수 있는 능력은 그저 소중한 가치를 넘어, 제2차 냉전에서 없어서는 안 될 필수 능력이다.

미래는 준비하는 자의 것이다. 그리고 응용 미래학자들은 그 길을 주도하는 자들이다.

CHAP 20 미래를 준비하는 프레임워크

‘선견지명’은 내 커리어의 기반이다. 내 업무의 핵심은 경제의 추세와
금융 시장, 경기순환을 예측하는 정확성이다. 그러나 예측은 강한
영향력을 지닌 반면, 데이터 추세가 명확하고 패턴이 안정적이며 변수들을
신뢰할 만한 모형으로 만들어내는 영역에서만 최선의 결과를 내놓는다.

이와는 달리 제2차 냉전의 상황에서의 지정학적 갈등은 ‘복잡성’과
‘불확실성’ 그리고 ‘비선형적 전개’라는 특징을 지닌다. 전통적인 예측
모델에만 의존하기에는 너무 많은 것이 변하며 유동적이다.

이 지점에서 전략적인 예측과 미래학적 프레임워크가 중요해진다.
이 도구들은 지도자와 정책 입안자 그리고 기업들이 단 하나의 결정
론적인 전망에 매이지 않고, 가능성 있는 여러 미래에 대비할 수 있게
도와준다.

불확실성을 다루기에 가장 효과적인 프레임워크 중 하나는 짐 데이
터Jim Dator의 ‘네 가지 미래 프레임워크Four Futures Framework’와 이를 변

형한 존 스마트John Smart의 모델이다. 이 모델은 미래의 가능성을 연속Continuation, 정체기Plateau, 역전Reversal 그리고 포물선 상승Parabolic rise라는 네 가지 핵심 전형으로 분류한다.

1. 연속

이 시나리오에서는 현재의 궤적이 계속되며, 기존의 경제적·지정학적·기술적 역학관계가 상대적으로 예측 가능한 방식으로 펼쳐진다. 제2차 냉전에서는 관세와 무역 규제, 기술 탈동조화 그리고 경제 봉쇄의 노력 등으로 표현되는 미국-중국의 전략적 경쟁이 계속 진행된다는 의미다. 국가와 기업들은 극적인 긴장 고조나 해소 없이 지정학적 긴장이 지속되는 '뉴 노멀'에 적응하게 될 것이다.

2. 정체기

앞으로 전개될 미래는 외부 또는 내부의 통제로 하나의 트렌드가 될 것으로 상상된다. 여기에는 국제기구와 국내의 압력, 또는 자원의 한계 등으로 인해 미국과 중국이 긴장 상태를 유지하면서도 통제된 상태로 공존하는 시나리오가 포함된다. 기업에는 규제 준수를 강조하고, 공급망을 리쇼어링하며, 성장보다 경제적 회복에 집중하는 시대가 될 것이다.

3. 역전

우리가 예상하는 시나리오에서 지정학적 갈등은 경제위기와 군사적 대립, 또는 체제 붕괴 등으로 악화한다. 전면적인 무역 전쟁이 심각한 경제 불황으로 접어들거나, 제2차 냉전이 직접적인 충돌로 격화되어, 신속한 탈세계화와 금융 시장의 혼란, 공급망 와해로 이어질 수 있다. 이러한 미래 시나리오에서 기업 지도자들은 심각한 불확실성과 공급중단, 금융 불안정을 대비해야만 한다.

4. 포물선 상승

이러한 미래에는 지형을 극적으로 바꿔놓을 파격적인 해결책과 극적으로 변화시킬 기술 혁신 등이 포함된다. 이는 새로운 세계동맹과 예측하지 못한 외교적 돌파구, 또는 전략적 경쟁상대에 대한 의존을 덜어줄 혁명적인 기술에 의해 주도될 수 있다. 이 시나리오에서 기업과 정책 입안자들은 빠르게 진화하는 세계 질서에서 기회를 잡기 위해 기민하게 움직여야 한다.

불확실성의 시대에 미래학자처럼 생각하기

한 가지 결정론적인 예측에 기대하는 대신, 짐 데이터의 네 가지 미래는 여러 가능성을 고려할 체계적인 방식을 제공한다. 그리고 지도자들이 위험을 예측하고, 기회를 포착하며, 적응 전략을 세울 수 있게 돕는다.

제2차 냉전은 불확실성으로 규정되며, 이러한 시대에 여러 시나리오를 넘나들며 생각하는 능력은 무엇보다 필요하다.

- 정책 입안자를 위해 전략적 예측은 경제력 변화와 공급망의 취약성 그리고 국가 안보 위험에 대비하도록 도와준다.
- 기업을 위해 지도자들이 위험에 대한 방지책을 마련하고, 성장의 기회를 다시 생각하며, 여러 경쟁적 지형에 대비할 수 있게 해 준다.
- 투자자와 안정적 금융 시장을 위해 시나리오에 기반한 계획은 더 나은 위험관리와 포트폴리오 다각화, 장기적인 회복력을 보장해 준다.
- 특수작전부대를 위해 시나리오에 기반한 계획은 미국과 동맹국이 회복력과 저항력을 키우며 대비 태세를 강화할 수 있게 해 준다.

제2차 냉전에 전략적인 선견지명 적용하기

네 가지 미래 모델과 같이 미래학적 프레임워크와 예측을 통합하면서 미국-중국 관계와 무역 정책 그리고 경제 추세 등에서 잠재적인 변곡점을 찾아낼 수 있다. 그 누구도 역사의 정확한 경로를 예측할 수 없지만, 여러 종류의 미래를 생각할 능력을 갖춘다면 지도자와 정책 입안자들은 무방비로 당하지 않을 것이다.

지정학적 불확실성이 높아지는 시대에, 전략적 선견지명을 갖춘 이들은 단순히 생존하는 것이 아니라 번성할 것이다.

CHAP 21 제2차 냉전의 네 가지 미래 시나리오

미래학적 시나리오는 고점과 중점, 저점에 의존하는 전통적인
재무예측과는 확실히 다르다. 미래학적 프레임워크는 미래를 재무성과의
선형적인 예측으로 보지 않으며, 예측할 수 없이 뻗어 나가는
지정학적·경제적·기술적 궤적을 광범위하게 평가한다.

제2차 냉전의 경우 네 가지 가능성 있는 미래가 등장한다. 그 미래
에는 각기 다른 정도의 타당성과 위험이 존재한다. 이 경로를 이해하
는 것은 정책 입안자들이 도전을 예측하고, 위험을 덜어주며, 변화하
는 지정학적 지형에 대비하기 위해 필수적이다.

1. 정체기 시나리오: 통계적 미래

첫 번째 시나리오는 세계적인 지정학적·경제적 조건들이 변하지
않고 정체한다는 것이다. 이 시나리오에 따르면 관세 정책과 무역 규

제, 동맹, 갈등 위험 등이 현 수준으로 동결된다. 지정학적 상황은 더 이상 악화하지 않지만, 그렇다고 완화되지도 않는다. 결국 세계는 더 심각한 위기나 노골적인 전쟁으로 급발진하지 않고 한결같은 긴장 상태에 머문다. 이 시나리오는 설명하기엔 가장 쉽지만, 가장 현실성이 떨어진다.

지정학적 변화가 빠른 속도로 진행된다는 점을 감안하면, 긴장이 더 이상 악화하거나 해결되지 않고 정체된 세상을 기대한다는 것은 개연성이 매우 낮다. 지도자들은 바뀔 것이고, 정책 또한 그에 따라 변한다. 게다가 세계적인 사건들은 늘 새로운 불확실성을 가져오기 마련이다. <u>동맹과 제재, 갈등에 어떻게 손을 대도 국제 안정성과 협력을 전에 없던 수준으로 달성할 수는 없다. 현재의 추세로는 뒷받침할 수 없는 예상이다.</u>

그러니 정적인 미래 시나리오가 실현될 가능성은 낮다. 끊임없는 경제·군사·이념적 긴장에도 불구하고 이 세상이 평정을 유지할 수 있다고 가정하기 때문이다. 적대국들이 전략적 구조조정을 이어가고 경제적 탈동조화에 가속화가 붙는 등 제2차 냉전이 펼쳐지는 궤적을 감안하면, 조건들이 전혀 바뀌지 않는 시나리오는 사실상 불가능하다.

2. 붕괴 시나리오:
제2차 냉전의 역전

붕괴 시나리오는 현재의 지정학적·경제적 궤도가 뒤바뀌는 것을 의미한다. 이 미래에서 탈세계화가 멈추고, 무역 규제가 철회되며, 미국과 중국 간의 긴장이 완화된다. 또한 세계는 더욱더 협력적이고 상호연결된 프레임워크로 변한다. 제2차 냉전은 치열해지는 대신 소실되고, 새로워진 세계화와 외교의 시대가 시작된다.

이 시나리오는 혼란의 시대에 정치적·외교적 돌파구를 찾는다는 갑작스럽고 가능성도 매우 낮은 상황을 요구한다. 우크라이나와 이스라엘, 대만 그리고 여러 신흥 시장들에서의 갈등이 모두 평화롭게 해결되어야 하기 때문이다. 게다가 이 시나리오를 위해서는 러시아와 중국, 나토 회원국 그리고 모든 대리군이 경제적이고 군사적인 협력을 해야 한다.

이런 식의 조정은 현재는 결여된 상당한 수준의 신뢰를 구축해야만 가능하다. 그런 결과가 나올 가능성은 정적인 정체기 시나리오보다도 낮다. 제2차 냉전을 끌고 가는 힘, 즉 경제적 민족주의와 기술의 탈동조화, 영토 분쟁, 군사 재조정 등은 현재의 세계 전략에 깊숙이 박혀 있다. 주요 강대국들이 화해를 추구한다거나 현재의 갈등들이 해소될 징조는 전혀 없다. 외교적인 노력으로 악화 속도를 늦출 수 있더라도, 최근의 지정학적 추세를 뒤집는다는 개념을 뒷받침하지 못한다.

3. 지속 시나리오:
끝나지 않는 제2차 냉전

지속 시나리오는 가장 가능성이 높은 미래다. 이 궤적을 따라 제2차 냉전의 추세는 꾸준히 지속되고, 더 나아가 탈세계화와 무역 전쟁, 대리갈등 그리고 미국과 중국의 전략경쟁 격화 등으로 이어진다. 러시아 역시 조연이지만 중요한 역할을 담당한다. 이 시나리오는 어느 편도 뒤로 물러서지 않으며, 지정학적이고 경제적인 균열이 계속 깊어진다고 가정한다.

이런 미래에서 경제적인 탈동조화는 계속되고, 공급망은 서구 동맹국과 적대국으로 한층 더 분열된다. 대리전이 급증하고, 우크라이나와 중동의 갈등은 계속되는가 하면, 대만과 아프리카, 라틴 아메리카에서 일촉즉발의 상태가 더욱 심각해진다. 시간이 흐르면서 이런 시나리오가 실행될 때, 강대국들이 더 크고 직접적인 군사 충돌을 일으킬 가능성도 높아진다.

미국과 동맹국들의 입장에서 지속 시나리오는 갈등 억제 전략을 우선시하는 것을 정당화해 준다.

미국의 경제 안보를 강화하고, 자급자족 정도를 높이며, 중국의 지정학적이고 지정학적인 영향력을 억누르는 것이 제2차 냉전의 장기적인 위험을 관리하기 위한 핵심이 된다.

이 시나리오의 위험성은 장기적인 긴장을 억제하지 않고 내버려두었을 때 앞으로 분쟁을 축소하기는 더 어려워지고 세계는 영원히 군비 증강과 무역 규제, 경제 파편화의 악순환에 갇히게 된다는 것이다. 갈등이 더 오래 지속될수록 경로를 뒤집기는 더욱 어려워지고, 예측하지 못한 상황이 더욱 악화되면서 세상을 물리적 충돌로 몰아넣는다.

4. 포물선 시나리오:
가속화되는 갈등과 확전

포물선 시나리오는 가장 위험한 가상의 미래를 보여준다. 지정학적 긴장은 손쓸 수 없는 속도로 커진다. 제2차 냉전은 장기적인 싸움으로 이어지며, 급작스럽고 심각한 사건들이 분쟁을 가속하고, 세계를 UN 안보리 상임이사국 사이의 직접적인 군사 충돌로 밀어 넣는다.

이 미래는 예상치 못했던 지정학적 오산誤算과 경제 충격으로 촉발된다. 또는 미처 손을 쓰지 않고 내버려둔 대리전이 확대되면서 더 광범위한 갈등으로 빠르게 악화하기도 한다. 대만의 해상봉쇄, 동유럽에서의 나토-러시아 간 충돌, 또는 서구의 핵심 인프라에 대한 심각한 사이버 공격 등이 모두 더 심각한 확전의 촉매제로 작용할 수 있다. 긴장이 외교적으로 통제될 수 있는 수준을 넘어설 때, 제2차 냉전은 UN 안보리 상임이사국들 사이의 적극적인 군사 개입으로 바뀔 수 있다.

지속 시나리오보다는 실현 가능성이 낮으나, 적대 세력들이 자신들의 전략적 위치를 잘못 파악하거나 더 작은 규모의 갈등에 손쓸 수 없게 된다면 여전히 타당성 있는 이야기다.

이 시나리오에서는 경쟁국 간에 소통의 통로가 열려 있는 것이 중요하다. 외교적 비밀루트와 군사적 갈등 완화의 메커니즘 그리고 전략적 자제는 위기가 전면전으로 번지지 않게 예방하는 데 필수적인 요소들이다.

가장 가능성이
큰 미래를 가늠하며

앞서 제시한 네 가지 미래 시나리오 중에서 실현 가능성이 가장 낮은 것은 '정적인 미래'이고, 그다음은 '붕괴 시나리오'다. 제2차 냉전이 갑작스럽게 멈추거나 완전히 전환될 것이라는 전망은 현재의 지정학적 상황을 고려할 때 현실성이 떨어진다.

가장 개연성 높은 시나리오는 '지속 시나리오'로, 이는 기존의 흐름이 이어지며 제2차 냉전이 국제 정세를 형성하는 지배적인 힘으로 남게 된다는 전망이다. 그러나 이 시나리오 역시 상당한 위험을 내포하고 있다. 긴장이 즉각적으로 해소되지 않는다면, 갈등은 장기화되고 점점 더 심화될 수밖에 없기 때문이다.

결국 이 흐름은 '포물선식 확전'이라는 가장 그럴듯하면서도 끔찍한 시나리오로 이어질 수 있다. 적대국 간의 갈등이 증대될수록, 대리전 양상은 북극, 사이버 공간, 우주 등 차세대 전쟁터로 확장되며 더 심각한 양상을 보일 가능성이 크다.

정책 입안자와 기업 지도자들 그리고 국가 보안 전략가들은 반드시 제2차 냉전이 가까운 미래에도 여전히 큰 영향을 미칠 것을 가정하고 움직여야 한다. 제2차 냉전은 경제 정책부터 무역 관계 그리고 기술 발전과 군사전략까지 모든 것에 파급되기 때문이다. 외교적인 노력이 확전을 방지하는 한편, 의사결정자는 제2차 냉전이 세계적인 힘의 역학관계 속에서 일시적인 현상이 아니라 근본적인 변화가 되는 세상에 대비해야 한다.

주요 적대 세력 간의 소통 채널 확보는 제2차 냉전이 제3차 세계 대전으로 비화하는 것을 막기 위한 가장 핵심적인 전략이 될 것이다.

적대 세력과의 갈등은 집요해질 가능성이 높다. 지속적인 대화와 위기관리 메커니즘이 없다면 판단을 잘못하거나 의도치 않게 갈등이 커지고 전략을 잘못 해석하는 등의 문제가 기하급수적으로 늘어나게 될 것이다. 역사적으로 보면 전쟁은 정교한 의도에서 나온 결과가 아니라, 소통의 실패와 억제 전략의 오판誤判 그리고 아무도 손대지 못한 보복의 악순환에서 발발했다. 세계가 새로운 지정학적 경쟁의 시대를 헤쳐나가면서 외교적 비밀 루트와 군사적 갈등 완화를 위한 프로토콜을 유지하고 경쟁국들이 체계적으로 교전할 때 이는 충분히 피할 수 있는 참사에 맞설 유일한 안전장치가 되어줄 것이다.

결국 제2차 냉전은 단순히 경제적·군사적 과시의 문제가 아니다. 이는 전 세계 지도자들이 가장 파괴적인 잠재력에 굴복하지 않고 강대국들의 경쟁을 감당할 수 있는지를 보는 시험의 장이다. 우리 앞에 놓인 도전 과제는 그저 우위를 유지하는 것이 아닌, 어느 쪽도 되돌릴 수 없는 임계점을 넘지 않도록 분쟁을 예방하는 것이다.

이 분석에서 얻을 수 있는 가장 중요한 교훈은 '전략적인 대비'의 필요성이다. 정부와 방위 조직은 경제적 회복력을 강화하고, 핵심 공급망을 보호하며, 견고한 국가 안보 정책을 실행함으로써 장기적으로 제2차 냉전이라는 현실에 적응해야 한다.

궁극적으로 기업들도 정부 전략의 성공과 실패에 모두 대비해야 하며, 급변하는 지정학적·경제적 환경 속에서 지속적인 기민함을 유지하는 것이 필수적이다.

CHAP 22 전략적 기업은 무엇을 다르게 보는가

기업은 제2차 냉전이 선사하는 경제적·지정학적·기술적 위험에 선제적으로 적응해야 한다. 초글로벌화 시대는 끝이 났고, 기업들은 점차 파편화되는 세계에서 공급망과 사이버 보안, 금융위험 노출 그리고 전략적인 포지셔닝 전반을 재점검해 볼 필요가 있다.

　기업들이 취해야 할 가장 중요한 행동은 공급망의 위험을 제거하고 중국에 대한 의존도를 줄이는 것이다. 기업들은 공장을 미국, 인도, 그 외에 지정학적으로 안정적인 국가로 니어쇼어링, 프렌드쇼어링 또는 리쇼어링해서 공급사를 다각화해야 한다. 이 과정은 반도체나 희토류, 의약품, 배터리 부품 등 핵심 소재를 비롯해 공급망 의존도를 전반적으로 검토하는 데에서 시작해야 한다. 남중국해에서 높아지는 긴장이나 미국-중국 무역 분쟁 등을 고려했을 때, 기업들은 해상 갈등과 잠재적인 봉쇄가 주는 위험을 덜기 위해 대안적인 물류 경로를 확보해야 한다. 공급망 이중화 계획과 함께 회복력이 높은 공급망 전략을 세우는 것이, 지정학적 불안정성이 닥쳤을 때 운영의 연속성을 확보하는 데 필수적이다.

동시에, 기업들은 사이버 보안을 강화하고 정보 전쟁에 대항해야 한다. 중국이나 러시아, 이란, 북한 등의 국가가 후원하는 사이버 공격이 증가함에 따라 기업은 사이버 보안 프레임워크를 강화해야 할 것이다. 조직들은 정기적으로 감사를 하고, AI 주도 피싱과 딥페이크 허위 정보 등 사이버 위험에 대해 직원들을 교육하며, AI 주도의 위협 감지 체제를 시행해야 한다. 중국산 기술 보안의 취약점을 생각해, 기업들은 디지털 인프라에서 화웨이와 틱톡 등 특정 판매사들을 피해 외국의 감시를 받을 위험에 노출되지 않게 해야 한다. 사이버 스파이 행위와 디지털 전쟁은 제2차 냉전의 특징이고, 확고한 보안 방식은 기업이 회복력을 갖추는 데 필수적이다. 게다가 기업들은 다음을 명심해야 한다. 미국과 중국 간의 긴장이 높아질 때, 기술적인 철의 장막이 형성될 위험도 증가한다. 이는 중국의 하드웨어와 소프트웨어에 의존하는 기업에 지속적인 우려와 운영상의 위험을 초래할 것이다.

기업들을 압박하는 또 다른 걱정은 금융 탈동조화와 경제 파편화의 위험이 커진다는 점이다. 금융과 관련해 미국과 중국의 긴장이 고조되고, 기업들은 수출 규제와 관세, 투자금지 등의 잠재적인 영향력을 감시해야 한다. 중국의 자본시장과 은행 업무 체제에 노출됐을 때의 위험을 평가하고 인도와 라틴 아메리카 그리고 아프리카에서 대안적인 투자 기회를 탐색하는 것이 중요하다. 또한 기업들은 서구 금융기관과 관계를 강화해야 하며 미국의 규정을 준수하는지 확인해야 한다. 전반적인 지정학적 위험을 평가한다면 기업들이 예상치 못한 혼란을 피하고 변화하는 투자 트렌드를 활용할 수 있을 것이다.

에너지와 원자재 안보도 경영전략에서 결정적인 요소가 될 것이다. 기업들은 세계적인 자원경쟁이 격렬해지면서 에너지 공급과 핵심 광물에 안정적으로 접근할 수 있어야 한다. 중국이 희토류와 배터리 공급을 장악하고 있음을 고려하면, 전기차 생산과 방위 그리고 기술에 관여하고 있는 기업들은 지정학적 위험을 최소화하기 위해 국내 또는 동맹국 내 생산이라는 선택지를 찾아내야 한다. 지속 가능성과 정치적 현실정치에 따른 에너지 안보 사이에서 균형을 맞추는 일은 장기적인 경쟁력을 위해 필수적일 것이다.

새로운 경제적 지형을 탐색하면서, 기업들은 미국의 국가 안보와 산업정책에 자사의 전략을 맞춰 조정해야 한다. 미국의 정부가 경제적 회복력과 국가 안보를 우선시하는 만큼, 기업들은 칩스법 같은 리쇼어링 장려책과 '인플레이션 감축법IRA, Inflation Reduction Act' 같은 청정에너지 세액 공제를 활용해야 한다. 미국 정부와 방위산업, 전략적 동맹들과 파트너십을 강화함으로써 특히 기술과 제조업, 인프라에 있어서 새로운 성장 기회를 얻게 된다. 이에 더해, 기업 위기관리팀을 교육하고 확대할 때 기업들은 제2차 냉전의 새로운 국면을 추적하면서 그에 따라 전략들을 수정할 수 있을 것이다. 일부 기업들은 최고 지정학적 위험 책임자Chief Geopolitical Risk Officer를 임명하는 것마저 고려하고 있다.

기업들은 또한 양극화된 무역환경에 대비해야 한다. 현재는 지역적인 경제 블록이 전통적인 세계화를 대신하고 있다. 기업들은 EU와 일본, 인도, 멕시코와 같은 미국의 동맹 경제국들과 관계를 강화하고 중국 시장에 대한 의존도를 낮추면서 무역 구조조정을 예상해야 한다.

AI와 자동화, 로봇 공학에 대한 투자는 노동력 부족에 대비하고 국내로 되돌아온 제조업에서 경쟁력을 유지하기 위한 필수 요소이다. 기업들은 지역 무역의 변화와 환율 변동에 관한 시나리오를 작성하면 지정학적 불확실성 속에서 기민하게 움직일 수 있을 것이다.

정보 전쟁의 시대에 기업의 명성 관리와 허위 정보 방어 역시 필수불가결하다. 기업들은 딥페이크 허위 정보와 사이버 여론조작, AI가 주도하는 비방 캠페인으로부터 브랜드를 보호해야만 한다. 위기관리 전략을 세우고, 지정학적 영향력을 발휘하는 캠페인을 모니터링 하면서 대응 담론을 형성한다면 자사 브랜드를 안전하게 지킬 수 있을 것이다.

AI와 양자 컴퓨팅, 사이버 보안 기술의 빠른 발전은 세계적인 경쟁의 판도를 바꿀 것이다. 여기에 적응하지 못하는 기업은 뒤처질 위험에 처한다. 국방과 우주, 양자 컴퓨팅 분야에서 정부와 민간이 파트너십을 체결할 때 차세대 혁신으로의 길을 확보할 수 있다. AI와 자동화 역시 공급망 관리와 위험성 평가 그리고 전반적인 운영 효율성에서 중요하다.

세계 경제는 상호 의존성의 시대에서 전략적 경쟁의 시대로 접어들고 있다. 기업들은 선제적으로 사업 운영 과정에서 위험을 제거하고, 보안 방식을 강화하며, 변화하는 경제적·정치적 현실에 따라 전략을 조정해야 한다. 제2차 냉전에서 성공하는 기업은 현실을 직시하고, 회복력과 혁신, 적응성을 키워, 불확실한 세상에서 기획된 미래학자적인 전략 시나리오를 포용하는 기업이다.

CHAP 23 기업 이사회가 지금 논의해야 할 것들

기업 이사회는 더 이상 순수하게 경제로만 경쟁하는 세상에서
운영되지 않는다. 제2차 냉전은 새로운 차원의 정치·금융·기술적인 경쟁을
불러왔고, 이는 전략적인 지배구조를 강화할 것을 요구한다.

사외 이사회 임원들은 기업이 불확실함이 커지는 이 시대에 원활히
적응하고, 혁신을 추구하며, 동시에 회복력을 유지할 수 있도록 중요
한 역할을 한다. 기업 이사회는 지정학적 선견지명과 사이버 보안 전
문 지식, 공급망 정보 그리고 금융위험 관리 등을 활용해 제2차 냉전
에 기민하게 대처할 수 있다.

위협을 선제적으로 판단해서 기회를 포착하며, 세계적인 경제변화
에 맞춰 기업전략을 조정할 수 있는 능력이 미래의 성공한 기업을 결
정지을 것이다. 전략적인 이사회의 리더십과 미래학적 사고를 갖춘
기업들은 생존을 넘어 번성할 수 있는 가장 큰 가능성을 지녔다.

따라서 사외 이사들은 회복력을 키워줄 기폭제 역할을 맡아, 회사

가 유연하면서 적절한 포지셔닝으로 제2차 냉전이 선사하는 예측 불가능한 미래에 대비할 수 있게 보장해야 한다.

리스크 관리와
전략적 사고의 변화

전통적인 위험관리 프레임워크는 시장의 변동성과 규제 준수 그리고 경영 효율성에 초점을 맞췄지만, 이제는 지정학적 선견지명과 경제 안보 전략 그리고 기술적 위험의 경감 등을 받아들여야 한다. 이사회는 선제적으로 제2차 냉전이 조직에 어떤 영향을 미치는지 평가하고, 위험을 덜고 새로운 기회를 잡기 위해 탄탄한 전략을 세워야 한다. 지정학적 위험은 이제 기업의 핵심 쟁점이다. 공급망에 영향을 주는 주요 강대국 간의 긴장과 에너지 안보, 금융 시장도 마찬가지다. 관세와 경제 재조정, 잠재적인 갈등이 관건이 된 무역 지형에서는 시장의 접근성과 세계적인 전략의 꾸준한 재검토가 필요하다.

공급망의 복원력과
재조정

공급망의 복원력과 재조정은 그 어느 때보다 중요한 문제로 대두된다. 기업들이 중국을 비롯해 적대국에 대한 의존도를 빠르게 줄이고 리쇼어링과 니어쇼어링, 프렌드쇼어링으로 소싱을 다각화해야 하기 때문이다. 이사회는 자사의 공급망이 핵심지역에서 지정학적 충격과 무역 규제, 또는 군사 충돌에 얼마나 취약한지를 반드시 평가해야 한다.

사외 이사회와 물류·세계 무역 정책·대정부 관계 전문가들은 기존의 공급망이 지닌 전략적 위험을 판별하고, 공급망 안보를 보완해 줄 정책 변화를 추천하면서 이런 노력에 지침을 제공해야 한다. 기업들은 신흥 시장에서 전략적 파트너십과 합작 투자를 탐색하고, 미국과 동맹국의 경제 정책에 맞춰야 한다. 게다가 사외 이사들은 지정학적 위험 시나리오를 모델링해 운영의 연속성을 보장하기 위한 공급망 위험 평가를 추진해야 한다.

사외 이사들은 대체 제조 허브에 대한 투자를 검토하고 승인하며, 새로운 공급망이 비용에 있어서 효율적이면서 전략적으로도 안전한지 확인해야 한다. 또한 반도체와 희토류 같은 핵심 소재를 여러 곳의 동맹국에서 공급받을 수 있도록 이중화 및 다각화를 추진해야 한다. 공급사가 단 한 곳일 경우 지정학적 영향을 받을 수 있기 때문이다.

금융 및 투자 위험성을 낮춰라

금융 분야의 구조조정은 현재진행형으로, 투자의 흐름은 중국이 아닌 동맹국과 중립국의 방향으로 변화하고 있다. 이사회는 반드시 기업의 재무관리부서가 경제 제재로 인한 위험 노출과 외국환 위험 그리고 자본시장에서의 규제변화 등을 평가하는지 확인해야 한다. 국제 금융과 투자은행, 또는 중앙은행 등의 경력을 갖춘 사외 이사들은 이사회가 경제 파편화와 금융체계 재조정 그리고 중국 자본시장 또는 채무에 노출됐을 때 생겨날 리스크를 평가하도록 도와줄 수 있다. 자본이 적대국의 경제로부터 벗어남에 따라, 이사회는 장기적인 성장과 정치적 안정을 제공할 수 있게 시장의 기업투자 전략을 재조정할 기회를 평가해야 한다.

이사회 임원들은 기업들이 통화 노출을 다각화하고 지정학적 위험에 대한 금융 거래 당사자를 평가하도록 압박해야 한다. 무역 갈등이나 에너지 변동성 등이 만들어 낸 공급망 붕괴나 인플레이션 압력에 맞설 헤징 전략Hedging Strategy 역시 검토해야 한다. 게다가 사외 이사들은 강력한 금융 비상 대책 계획을 제시해서, 기업이 경제 스트레스가 지배하는 시대에 환금성을 유지할 수 있도록 해야 한다.

확고한 에너지 전략의
개발

각국이 천연가스와 석유, 핵심 광물을 확보하기 위한 경쟁에 돌입하자 에너지 안보에 대한 우려가 커지고 있다. 기업들은 석유와 가스, 신재생 에너지에 영향을 미치는 공급중단과 가격 변동성, 지정학적 긴장 등에 대비해 에너지 안보 계획을 수립해야 한다. 에너지 시장과 원자재, 또는 국제관계와 관련한 경력을 가진 사외 이사들은 기업이 에너지 가격의 변동성에 노출된 정도를 측정하고, 안정적인 에너지 공급을 확보할 전략적 파트너십을 확인하도록 도움을 줄 수 있다.

신재생 에너지 공급망이 정치적으로 민감해짐에 따라 이사회는 지속 가능성 전략이 지정학적 현실에 맞춰 조정될 수 있는지를 평가해야 한다. 특히 중국이 배터리 생산과 태양광 패널 생산을 장악하고 있다는 점을 고려할 때 이는 매우 심각한 사안이다. 사외 이사들은 에너지 조달 전략의 다각화를 지지해야 하며, 안정적인 동맹 지역의 공급사를 우선으로 취급해야 한다. 그러면서도 지속 가능성 목표는 비용 효율적인 방식으로 달성할 수 있어야 한다.

사이버 보안과
기술 보호의 강화

반도체와 AI, 양자 컴퓨팅에서의 기술적인 우위가 제2차 냉전에서 핵심적인 전투 기술로 급부상하고 있다. 이사회는 반드시 AI와 반도체, 사이버 보안 그리고 양자 컴퓨팅의 위험을 추적, 감시해야 한다. 특히나 정부가 수출 통제와 기술 규제를 더욱 빡빡하게 옥죄고 있기 때문이다. 사이버 보안과 AI, 국가 안보 전문가로 구성된 사외 이사들은 기업들이 디지털 보안Digital Defense을 강화하고 진화하는 규제를 반드시 준수하도록 도와야 한다.

사이버 위협은 증가하고 있고, 민족국가 행위자들은 사이버 공격과 지적 재산 도용 등을 통해 기업들을 적극적으로 공격하고 있다. 이사회 임원들은 사이버 보안의 회복력에 대한 투자를 지지하고, 위협 감지와 암호화, 인프라 강화에 대한 지속적인 개선을 추진해야 한다. 또한 민감한 산업에서 활동 중인 기업들은 자사의 기술 개발 과정이 적대 세력에 노출되어 있는지, 또는 국가 보안의 모범사례에 따라 보안 프로토콜을 실행하고 있는지 판단해야 한다.

이에 더해 사외 이사들은 사이버 공격을 중요한 운영상의 리스크로 인지하는 시나리오를 구상하도록 뒷받침해야 하며, 경영진이 잠재적인 사이버 전쟁의 혼란에 대비하는지 확인해야 한다. 양자 저항성 암호화와 안전한 클라우드 인프라 그리고 AI 주도의 위협 감지 등에 적극적으로 투자해야 한다.

규제와
국가 안보 준수

규제 준수와 국가 안보 문제는 반드시 최우선순위가 되어야 한다. 수출 통제, 제재 그리고 외국인 투자 규제 등이 더욱 엄격해지고 있기 때문이다. 이사회는 기업이 변화하는 국가 안보법을 준수하고 있는지 확인해야 한다. 대정부 관계와 국방계약, 국제법 등의 경험이 있는 이사들은 규제의 위험과 관련해 귀한 지침을 제공해 줄 수 있다.

해외에서 활동 중인 미국의 기업들은 외국의 데이터 법과 지적 재산 도용 그리고 사이버 보안 위협으로부터 잠재적인 법적 책임을 가늠해야 한다. 또한 이사회는 이런 쟁점들을 효과적으로 처리하기 위해 규제기관과 법적 전문가들과 관계를 맺을 필요가 있다.

정부가 공급망과 금융 거래, 데이터 보안과 관련해 새로운 규제와 공개 요건들을 도입하면서, 이사회는 기업의 정책과 지배구조 프레임워크가 최신 법적 명령에 부합하는지를 확인해야 한다. 또한 사외 이사는 데이터 사용과 기술 개발에서 윤리적 고려 사항을 추진해, 기업이 명성을 지키면서도 국제적인 법 기준을 준수하는지 확인해야 한다.

제2차 냉전에서
이사회가 가야 할 길

기업 이사회는 제2차 냉전을 효율적으로 헤쳐나가기 위해 몇 가지 핵심 단계를 밟아야 한다. 이들은 정기적인 위험 평가를 실시하고 그로부터 얻은 통찰을 기업전략에 녹여내면서 지정학적 정보를 우선시해야 한다. 매년 공급망 재평가를 실시하는 것은 취약성을 파악하고, 대안적인 소싱 계획을 수립하며, 국내 또는 동맹국의 생산지를 확보하기 위함이다. 사이버 보안과 데이터 회복력을 강화하는 것은 AI가 이끄는 사이버 위협과 디지털 스파이 행위가 심각해질수록 필수적이다. 이사회는 증가하는 위험에 맞서 방어할 수 있는 보안 프로토콜을 꾸준히 업데이트해야 한다.

이와 더불어, 무역과 금융, 국가 안보 규제에 영향을 주는 정책 변화에 대한 정보를 파악하기 위해 정부 및 규제기관과 협력하는 것은 필수적이다. 또한 기업은 기술과 에너지 독립성을 확보하면서, 주로 반도체와 AI, 양자 컴퓨팅 그리고 에너지 접근을 두고 지정학적 전투를 벌일 미래에 대비해야 한다. 이사회는 지도부가 국가 안보의 이해관계에 부합하는 미래지향적인 전략을 개발하도록 장려하고, 이들 기업이 점점 파편화되는 세계 경제에서도 경쟁력을 유지할 수 있도록 도와줘야 한다.

CHAP 24 전쟁의 무기가 된 경제

현대전은 회색 지대에서 수행된다. 러시아는 한 발의 총알도 없이 크롬 반도를 병합했고, 중국 또한 한류와 유커를 통제하며 한반도의 사드 배치를 보복해 왔다. 이처럼 미래의 갈등은 점차 하이브리드 전쟁과 회색 지대[29] 개입Gray Zone Involvement으로 규정된다.

적대국들은 전면전을 개시하는 대신 전략적인 목표를 달성하기 위해 재래적이거나 비재래적인 전략, 경제 전략과 사이버 전략을 적절히 혼합해서 활용한다.

여기서 특수작전부대SOF, Special Operations Force는 이러한 위협에 맞서는 중요한 역할을 맡는다. 접근이 제한된 환경에서 작전을 펼치고, 저항운동을 지원하며, 적대적인 영향력을 방해하는 능력 덕에 이들은 국가 안보 전략의 필수적인 요소가 되었다.

---

29 **회색 지대** 다소 애매한 경계에 있는 행위나 개념, 혹은 그러한 행위가 벌어지는 지역을 일컫는다. 검은색도 흰색도 아닌 애매한 범위를 가리키는 용어.

하이브리드 전쟁과 회색 지대 전쟁에서
커지는 SOF의 역할

경제 안보 분석을 할 때 비재래전非在來戰과 비정규전에 대한 전략을 구상하면 작전의 효율성을 키우고, 동맹의 역량을 강화해 적대국보다 결정적인 장점을 누릴 수 있다.

경제 안보가 지정학적 경쟁에서 더욱 중요한 요인이 될수록, SOF는 경제적인 전쟁의 원리를 작전계획에 포함해야 한다. 적대국의 경제 네트워크를 약화하고, 동맹의 회복력을 키우며, 경제적인 영향력을 전략적인 도구로 활용하는 능력은 격전지에서 공격을 억제하면서 다음과 같은 성공을 보장하는 데 있어 매우 중요한 요인이 될 것이다.

비재래전의
핵심 요소인 경제 안보

SOF는 비재래전에서 핵심적인 역할을 맡고 있다. 비재래전에서는 경제 안보를 임무 구상에 포함해야 한다. 발트해와 인도-태평양, 중동 같은 격전지에서 SOF가 후원하는 협력군은 장기적으로 작전을 유지하기 위해 탄탄한 경제적 기반을 필요로 한다.

경제적 자급자족은 협력군이 외부의 물류나 재정 지원 없이 작전을 오래 유지할 수 있는지를 결정한다. 저항운동의 경제적 역학을 이

해함으로써 SOF는 오랜 갈등 속에서 지속 가능성과 효율성을 확보할 수 있다.

SOF의 전력 승수로서 경제를 활용하라

저항 및 회복력 지원SRR, Support to Resistance and Resilience 프레임워크에 따른 경제 제재는 SOF에 물리적 개입을 뛰어넘는 전략적 도구를 제공한다. SOF는 무역 정책, 금융 제재, 공급망 규제 같은 경제 조치를 통해 적대 세력의 능력을 떨어뜨리고 영향력을 확보하려는 상대의 역량을 끌어내릴 수 있다.

제2차 냉전에서 SOF는 적대 세력의 경제적 의존도를 파악하고 방해하는 한편 동맹국의 경제적 회복력을 키워 경제적인 영향력을 발휘하는 데 이바지한다. 이런 경제의 활용은 전력 승수戰力乘數[30]가 되며, 이를 통해 전략적인 목표를 달성하면서도 군사적으로 직접 개입할 수고를 덜게 된다.

---

30 **전력승수** 전투부대가 임무 달성률을 높이기 위해 추가로 투입하는 인력, 기술, 정보 등의 역량.

SOF 임무를 위한
운영 및 전략 구상

경제 안보를 '경제력'과 '경제적 자급자족'이라는 두 가지 주요 기본 요소로 나누는 일은 여러 영역을 넘나드는 SOF의 임무를 구상하는 데 도움이 될 것이다. SOF는 적대 세력들이 전쟁에 돌입할 정도의 선을 넘지 않고 활동하는 회색 지대에서 갈등이 벌어졌을 때, 동맹국을 격려하고 공격을 억제하기 위해 경제적 회복력의 전략을 활용할 수 있다. SOF는 작전을 구상할 때 경제 안보를 고려하면서, 협력군이 경제적으로 안정되면서도 지속적으로 저항할 수 있게 돕는다.

비정규전에서의 경제 분석은 접근제한지역에서 공급망의 취약성을 판별하는 데 핵심적인 역할을 한다. 이런 환경에서 SOF가 활동하기 위해서는 핵심 산업과 무역 의존성 그리고 금융 네트워크에 대한 상세한 평가가 필요하다. 이는 저항운동을 방해할 수 있는 잠재적인 혼란을 예상하기 위해서다. SOF는 선제적으로 이런 취약성을 해결하면서 위험을 낮추고 저항 네트워크의 지속 가능성을 높일 수 있다.

경제적 강압에 맞서는 것은 SOF 임무 구상에서 필수적인 요소다. 적대국은 빈번히 반대 세력을 약화하고 동맹 정부를 불안정하게 만들기 위해 경제적 압력을 가한다.

SOF는 적대 세력의 경제적 숨통을 판별해 이를 차단하기 위해 경제 첩보를 활용하면서, 격전지에서 적대국의 통제 능력을 제한할 수 있다. 직접적인 행동을 통해서든 사이버 작전, 혹은 관계 부처 협업을 통해서든 SOF는 효과적으로 적의 영향력에 맞서기 위해 경제적 자급자족 평가를 광범위한 작전 프레임워크에 통합시켜야 한다.

적의 네트워크에서 경제적 약점을 찾아내라

중국의 경제적 자급자족에 대한 상대적 우위는 전략적 과제를 제시하지만, 비정규전 작전에서 SOF가 악용할 수 있는 취약점도 제공한다. SOF는 핵심 공급망의 의존성을 겨냥해 적의 물류 네트워크를 손상시키고 장기 분쟁을 지속할 능력을 규제할 수 있다. 사이버 공격과 태업, 재정 간섭같이 '표적 경제 교란 작전'을 수행함으로써 적의 경제적 회복력을 약하게 만들고 작전의 효율성을 현저히 낮출 수도 있다.

직접적인 행동 외에도 SOF는 재무부와 상무부, 정보기관 등 경제 관련 기관과 밀접하게 움직이면서, 적의 경제적 전략을 알아보고 대응해야 한다. 관계 부처 간의 협업을 강화한다면 경제적 위협에 대처할 때 더 종합적인 접근법을 확보할 수 있을 것이다.

적의 물류와 자원 배분, 공급망에서 경제적 걸림돌을 판별해 내는 일은 적의 작전 능력을 방해하고 지속적인 군사 공격을 방지하는 데 필수적이다.

동맹과 협력국의 역량을 강화하라

산업협력과 공급망 안보를 강화하는 일은 SOF의 대외 내부 방어 Foreign Internal Defense와 안보군 지원Security Force Assistance 임무에서 핵심이 된다. 산업 파트너십과 공동 생산 협정, 경제 원조 프로그램을 육성함으로써, SOF는 동맹국이 경제 회복력을 형성하는 데 도움을 줄 수 있다. 이런 노력은 협력군이 적대 세력의 경제로부터 영향받지 않고 오랜 시간 저항을 이어갈 수 있게 해 준다.

비정규전에서의 경제 영향력 작전

SOF는 경제 전쟁과 금융 혼란의 도구들을 비정규전 작전에 통합해 적대국의 경제적 영향력에 맞설 수 있다. 적대 세력이 지배하는 지역의 경제적 혼란을 통해 저항 네트워크를 강화하며 적대적 정권과 조직을 유지해 주는 불법 자금조달 네트워크에 맞서 금융전쟁을 벌일 수 있다. SOF는 이런 금융 체제를 서서히 무너뜨림으로써 적대 세력의 역량을 약하게 만들고 동맹국의 회복력을 강화할 수 있다.

또한 SOF는 적대 세력이 지배하는 시장에의 의존성을 줄이기 위해 대체 공급망의 개발을 지원할 수 있다. 협력국이 독립적이고 안정적인 무역 항로에 접근할 수 있도록 보장해 경제적 안정성을 높이고 적대 세력의 잠정적인 영향력을 줄일 수 있다.

더 나아가, 경제 원조는 비정규전의 강력한 무기가 된다. 경제를 안정시키고 산업의 성장을 장려하며 지속적인 저항에 필요한 핵심 자원을 보존함으로써 협력국의 회복력을 높일 수 있기 때문이다.

경제 영향력 작전이 비정규전 전략에 포함되면 SOF는 효과적으로 적대 세력을 물러나게 할 수 있다. 또한 동맹국과 저항운동의 장기적인 지속 가능성을 강화할 수 있다.

SOF 통합을 위한 고려 사항

SOF 전략에서 경제 보안을 완전히 활용하기 위해서는 다음과 같은 다섯 가지 단계를 고려해야 한다.

1. 경제 안보 첩보 프레임워크의 개발

SOF는 경제 분석가를 작전 구상팀에 포함해 약점을 파악하고 임무의 효율을 높이기 위해 경제 데이터를 활용하도록 한다.

2. SOF를 위한 경제전 훈련 확대

금융전쟁과 공급망 붕괴, 경제 영향력 작전의 훈련을 통해 비정규전에서의 SOF의 역량을 강화해야 한다.

3. 관계 부처 간 협업 강화

재무부와 상무부와 같은 경제기관과 정보기관이 밀접하게 협력하면서, 적대 세력의 경제 전략에 대응할 SOF의 능력을 강화해야 한다.

4. 협력국의 경제적 회복력 강화

SOF의 임무를 통해 경제 안보에 관한 고려 사항을 동맹국의 역량 구축 노력에 포함해야 한다.

5. 경제 안보 모의 전쟁 실시

SOF 실전연습에서 경제전 시나리오를 시뮬레이션해 향후 분쟁에 대한 계획을 개선하고 전략적인 의사결정 과정을 개진해야 한다.

SOF가 주는
교훈

경제 안보는 현대의 갈등에서, 특히 제2차 냉전의 상황에서 점차 중대한 요소가 되어간다. SOF는 저항과 회복력을 뒷받침하고 적대 세력의 경제적 강점을 혼란에 빠트리며 협력국이 장기적인 경쟁력을 유지할 수 있도록 경제적 수단을 활용하는 과정에서 중요한 역할을 맡는다.

미국은 경제 안보를 SOF의 임무에 포함함으로써 전략적 억제를 높이고, 적대 세력의 영향력에 대응하며, 비정규전과 하이브리드 전쟁의 환경에서 우위를 유지할 수 있다.

경제적 자급자족을 탄탄히 하고 SRR 전략에 따라 경제력을 무기화하는 방안을 즉각 실천하지 않으면 적대 세력들은 미국의 경제적 취약성을 악용할 수 있다. 경제 안보에 대한 포괄적인 접근은 SOF 작전의 장기적인 성공과 미국의 전략적 목표를 확실히 달성하는 데 필수 요소가 될 것이다.

우리는 역사의 갈림길에 서 있다. 제2차 냉전은 더 이상 추상적인 개념이 아닌, 우리의 지정학적·경제적·기술적·안보적 환경을 구성하는 현실이다. 세계 질서는 변하고 있고, 우리 앞에 높인 전략적 지형은 경쟁 블록과 경제 파편화, 군사력 과시 그리고 기술 경쟁에 따라 좌우된다. 제2차 냉전의 전쟁터는 군사적인 영역을 훌쩍 넘어 에너지 안보와 금융 시장, 무역 정책, 공급망, AI, 사이버 전쟁 그리고 정보의 무기화까지 확장되고 있다.

이 책으로 우리는 제2차 냉전의 경제적·군사적·전략적 프레임워크가 어떻게 진화하고, 기업과 투자자, 정책 입안자와 국가 안보 지도자들에게 어떤 의미가 있는지 살펴봤다. 이 새로운 시대는 상당한 위험을 품고 있지만, 이를 예상하고 받아들이고 단호하게 행동할 수 있는 이들에게는 절호의 기회가 될 것이다.

앞으로의 위험과 기회를 전략적으로 헤쳐나가기 위해 다음과 같은 몇 가지 중요한 전략을 소개한다.

제1차 냉전과 제2차 냉전

'소련의 붕괴'가 제1차 냉전의 확실한 종식이라고 가정하는 이들이 많다. 그러나 역사는 대개 갑작스럽게 중단되는 것이 아니라 하나의 주기로 움직인다.

제2차 냉전은 새로운 갈등이다. 특히 중국, 러시아, 이란, 북한이 미국과 그 동맹국에 대항하고 있는 2차 냉전은 해결되지 않은 권력 투쟁의 연속인 새로운 분쟁이다. 이념의 대결은 여전히 남아 있지만, 이제 그 싸움은 전통적인 군사 개입을 넘어 경제와 기술 영역까지 확장됐고 기술적인 철의 장막마저 형성되고 있다.

경제와 기술 경쟁이 미래를 좌우한다

경제 안보는 이제 국가 안보와 동의어가 됐다. 중요한 공급망, 반도체 제조, 희토류 광물, AI 발전을 통제하는 국가가 글로벌 경쟁의 조건을 결정짓게 될 것이다. 또한 무역과 제재, 관세, 금융, 기술, 경제적 동맹의 무기화는 제2차 냉전에서 승자와 패자를 가늠할 것이다.

에너지와 공급망의 회복력을 국가 우선순위에 두자

미국과 동맹국들은 적대 세력들이 악용할 취약성에서 벗어나기 위해 에너지 독립과 산업생산, 전략적 비축을 강화해야 한다. 중국과의 공급망 탈동조화는 단순히 경제적 변화가 아니라 국가 안보를 지키기 위한 긴급과제다. 공급망을 지배하는 자가 세계적인 상거래와 군사력의 미래를 지배하기 때문이다.

대리전과 직접 충돌의 위험은 여전히 높다

우크라이나와 중동부터 대만과 한반도까지, 제2차 냉전은 다양한 전선에서 벌어지고, 가끔은 대리전이 벌어지기도 한다.

확전의 위험은 여전히 높다. 따라서 정책 입안자들은 경제력과 군사대비태세 그리고 전략적 동맹을 통한 억제가 더 광범위한 세계 갈등을 예방하기 위해 필수적임을 인식해야 한다.

정보 전쟁과 사이버 보안은 새로운 전선

'서사의 전쟁'은 무기의 전쟁만큼 중요하다. 소셜 미디어 조작, 딥페이크 기술, AI 주도의 프로파간다는 현실과 허상의 경계를 모호하게 만든다. 정보 생태계를 지키는 데 실패한 국가들은 내부적인 불안정과 사회 파편화 그리고 민주제도 약화의 위험을 감수해야 한다.

앞으로 나아갈 길 그리고 우리가 해야 할 일

제2차 냉전은 막대한 과제를 안겨주지만, 전략적인 준비와 단호한 행동을 한다면 엄청난 성과를 얻을 수도 있다. 미국과 동맹국들은 경제적 회복력과 기술적 우월함, 국가 안보 대비 태세를 확보할 수 있는 장기적인 비전을 갖고 빠르게 행동해야 한다.

전략적인 동맹과 경제 블록을 강화하라

미국과 동맹국들은 무역 협정을 확대하고, 군사 협력을 강화하며, 적대국들이 형성한 권력 블록에 대응하기 위해 민주국가 간의 경제적 상호 의존도를 높여야 한다.

인도, 라틴 아메리카, 다른 비동맹 국가들과 연대를 강화하는 일은 중국의 영향력에서 벗어나 공급망 안보를 강화하기 위해서 필수적이다.

에너지와 산업적 독립을 밀어붙여라

미국은 국내 생산과 대체 공급 경로, 신뢰할 수 있는 국가와의 전략적인 파트너십을 통해 에너지 보안을 확보해야 한다. 희토류 가공과 반도체 생산, 첨단기술산업의 중국에 대한 의존도를 낮추기 위해 본국이나 인접 국가로 생산기지를 옮겨야 한다. 중공업 제품과 조선 그리고 모든 전쟁용 군수품과 무기도 마찬가지다.

디지털과 사이버 보안 전투에 대비하라

AI와 양자 컴퓨팅, 사이버 보안은 국가 보안의 핵심 기둥으로 취급해야 한다. 미국과 동맹국들은 기술 발전을 선도하면서도 사이버 위협으로부터 핵심 인프라를 보호해야 한다. '퀀텀 레디Quantum-Ready[31]와 AI 주도 사이버 보안 역시 우선시되어야 한다. 또한, 허위 정보 대응책과 딥페이크 탐지 역시 2차 세계 대전 이후 디지털 전쟁에서 중요한 방어 전략이 될 것이다.

경제 제재와 무역 안보를 강조하라

관세와 제재, 무역 정책 등의 경제적 수단으로 적대 세력의 경제력을 제약해야 한다. 소프트 파워 외교를 펼치고 투자를 규제하며, 재정 보조를 제안하고 경제적 영향력을 공격적으로 활용하는 등의 수단은 적대 세력의 경제 책략을 통제하려는 국가 안보와 경제 안보의 목표와 연계되어야 한다.

행동 개시: 불확실성의 시대의 리더십

제2차 냉전 시대는 정부와 기업, 군사와 기술 부문에 상관없이 모든 수준에서 강력하고 정보에 정통하며 적응력 강한 리더십이 요구된다.

지금은 위험이 고조된 시대이면서도, 선견지명과 회복력, 전략적인 실행을 갖추고 불확실성을 헤쳐나가는 이에게는 전례 없는 기회를

---

31 **퀀텀 레디** 마이크로소프트는 기업들이 양자컴퓨터의 시대에 대비해야 한다고 주장하며 2025년을 '양자 준비의 해'로 선언했다.

안겨주는 시대이기도 하다.

미국은 중국을 견제하고 제재하는 정책을 밀어붙이려 하며, 두 국가 간의 기술적 철의 장막이 형성될 가능성이 날이 갈수록 커지고 있다.

긴장이 고조되면서 제2차 냉전은 회색 분쟁, 하이브리드 전쟁, 대리전에서 유엔안보리 상임이사국 간의 뜨거운 전쟁으로 변모할 위험이 커지고 있다.

가장 효과적인 분쟁 억제를 위해 모든 경제력을 총동원해야 할 수도 있다. 확실한 위협 없이는 효과적인 억제도 있을 수 없기 때문이다.

제2차 냉전은 머나먼 미래에 벌어질 사건이 아니라, 우리 시대를 규정짓는 현실이다. 위험을 이해하고, 변화를 예상하며, 이 새로운 세계 경쟁의 시대에서 자신의 입지를 확보하기 위해 단호하게 행동할 수 있는 자에게 미래는 주어진다.

오늘날 정책 입안자와 기업 지도자, 투자자들이 내리는 결단이 다음 세기 전 세계 힘의 균형을 결정지을 것이다.

머뭇거릴 시간이 없다. 제2차 냉전은 이미 시작됐다.

이 책을 통해 여러분이 앞으로 다가올 고난의 길을 한층 더 현명히 대비할 수 있기를 바란다.

2025년 3월, 제이슨 셍거

옮긴이 김문주

연세대학교 정치외교학과 졸업 후 연세대학교 신문방송학과 석사를 수료하였다. 현재 번역에
이전시 엔터스코리아에서 전문 번역가로 활동하고 있다.
주요 역서로는 『더 퀸』, 『어떤 일은 그냥 벌어진다』, 『웨이스트 랜드』, 『세계 정치학 필독서 50』,
『밥 프록터 부의 확신』, 『세계여행에서 찾은 20가지 행복철학』, 『생각한다는 착각』, 『펭귄을 부
탁해』, 『어린 페미니스트 와즈다』, 『담대한 목소리』, 『거울 앞에서 너무 많은 시간을 보냈다』, 『민
주주의의 정원』, 『어떻게 이슬람은 서구의 적이 되었는가』 등이 있다.

제2차 냉전 시대

펴낸날 2025년 5월 7일 1판 1쇄

지은이 제이슨 솅커
옮긴이 김문주
펴낸이 金永先
편집 김샛별
디자인 검정글씨 민희라

펴낸곳 더페이지
주소 경기도 고양시 덕양구 청초로 10 GL 메트로시티한강 A동 20층 A1-2002호
전화 (02) 323-7234
팩스 (02) 323-0253
출판등록번호 제 2-2767호

ISBN 979-11-94156-18-5(03340)

더페이지와 함께 새로운 문화를 선도할 참신한 원고를 기다립니다.
이메일 dhhard@naver.com (원고 투고)